A Study on Influencing Factors of Enterprises' Business Model Transformation: An Empirical Study Based on Small and Medium Sized Enterprises of China

企业商务模式转型影响因素研究

——基于中国中小企业的实证研究

李黎 著

图书在版编目（CIP）数据

企业商务模式转型影响因素研究：基于中国中小企业的实证研究/李黎著.—北京：经济管理出版社，2015.3

ISBN 978-7-5096-3663-3

Ⅰ.①企… Ⅱ.①李… Ⅲ.①中小企业—企业管理—研究—中国 Ⅳ.①F279.243

中国版本图书馆 CIP 数据核字（2015）第 050063 号

组稿编辑：杨雅琳
责任编辑：侯春霞
责任印制：黄章平
责任校对：雨　千

出版发行：经济管理出版社
　　　　　（北京市海淀区北蜂窝 8 号中雅大厦 11 层　100038）
网　　址：www.E-mp.com.cn
电　　话：(010) 51915602
印　　刷：三河市延风印装厂
经　　销：新华书店
开　　本：720mm×1000mm/16
印　　张：12.75
字　　数：199 千字
版　　次：2015 年 3 月第 1 版　2015 年 3 月第 1 次印刷
书　　号：ISBN 978-7-5096-3663-3
定　　价：48.00 元

·版权所有　翻印必究·
凡购本社图书，如有印装错误，由本社读者服务部负责调换。
联系地址：北京阜外月坛北小街 2 号
电话：(010) 68022974　　邮编：100836

前　言

随着新商务模式的不断涌现，在位企业已有商务模式面临着较大的竞争压力。环境的不连续性和破坏性创新可能需要在位企业进行商务模式转型，以保持竞争优势。基于合同和组织规则，在位企业较为倾向于保持已有商务模式，特别是保持已有成功商务模式的稳定性。因此，企业面临如下困惑：企业是否应当进行商务模式转型？哪些因素影响企业商务模式转型？如何选择合适的商务模式转型程度从而获得好的绩效？已有的研究基于案例分析提出一个或几个商务模式转型影响因素，或仅仅基于个人经验而提出相关的商务模式转型影响因素，缺乏对商务模式转型影响因素系统全面的实证研究。因此，本书期望比较全面地研究商务模式转型的影响因素，并进一步探讨商务模式转型与企业绩效之间的关系。

本书通过对9家企业创始人或相关人员的非结构化和半结构化访谈获得一手数据资料，通过相关媒介获得二手数据资料。本书采用案例研究法，应用扎根理论的编码技术来构建商务模式转型影响因素模型，并确定相关因素如何影响商务模式转型以及商务模式转型与企业绩效的关系。在此基础上，结合相关文献，本书提出研究假设。本书选择154家深圳证券交易所中小企业板上市企业作为研究样本企业，并基于相关的变量测量和编码手册，采用案例调查法收集相关变量的数据。

本书选择154家企业中的150家企业进行实证研究，验证相关影响因素对商务模式转型的作用。本书的实证研究结果表明，高管团队职能背景异质性、高管团队成员流动性、核心决策人的职能背景、核心决策人的社会资本、环境不友好性、环境动态性等因素对商务模式转型产生影响的相关假设获得支持或部分支持，环境不友好性对高管团队特征与商务模式转型之间关系产生影响的相关假设获得部分支持，环境动态性对核心决策人特征与商务模式转型之间关系产生影响的相关假设获得部分支持，环境不友好性对核心决策人特征与商务模式转型之间关系产生影响的相关假设未获得支持，环境动态性对高管团队特征与商务模式转型之间关系产生影响的相关假设未获得支持。为了进一步研究商务模式转型与企业绩效的关系，本书采用154家企业的数据，验证商务模式转型与企业财务绩效（ROE）和市场绩效（托宾Q值）、短期绩效和长期绩效的关系。本书的实证结果表明，商务模式转型程度的不同对单个年份绩效的影响存在不确定性，但是，商务模式转型程度能够促进长期平均财务绩效和市场绩效的提升。

由于受到国际金融危机、国内劳动力成本与原材料价格不断上升等因素的冲击，我国中小企业传统的商务模式（如OEM模式）面临着竞争力下降的压力。在此情景下，本书具有较强的理论意义和实践意义。

本书的理论贡献主要体现在以下方面：

（1）本书将案例研究法和扎根理论相结合，系统构建商务模式转型的影响因素模型，使商务模式转型及其影响因素的研究在一定程度上得到了扩展和完善。

（2）本书定量验证了相关影响因素对商务模式转型的作用。

（3）本书定量验证了商务模式转型与企业绩效的关系。该研究成果进一步丰富了商务模式转型理论和组织变革理论，丰富了商务模式与企业绩效关系的理论研究。

（4）本书编制了商务模式转型的编码手册。商务模式转型测量指标的确定，为商务模式转型领域开展大规模的定量研究奠定了基础。

本书为企业进行商务模式转型的相关决策提供了理论依据，主要体现在以下方面：

（1）适当控制高管团队规模。高管团队规模的扩大，增加了企业的协同、沟通成本，使得团队职能背景的异质性带来的优势难以发挥，从而影响商务模式转型。

（2）高管团队输入新鲜血液的必要性。高管团队成员若是固定不变，将难以带来新的思维，对新形势的应对将可能变得迟缓。新成员的加入，将有利于企业采用较高程度的商务模式转型。

（3）核心决策人拥有管理职能背景的重要性。商务模式转型需要有一个核心人物来帮助企业拨开云雾、确定转型的目标及方向，同时也需要核心决策人驾驭复杂的局面，应对来自各方面的危机。

目 录

第一章 导 论 ... 001

第一节 研究背景 ... 001
一、现实背景 ... 001
二、理论背景 ... 003

第二节 研究问题的提出 ... 005

第三节 关键概念的界定 ... 006
一、商务模式的概念 ... 006
二、商务模式构成要素 ... 007
三、转型的概念 ... 009
四、商务模式转型的概念及相关概念的辨析 ... 009

第四节 研究内容与结构安排 ... 011
一、研究内容 ... 011
二、本书的结构安排 ... 011

第五节 研究目标及研究方法 ... 012
一、研究目标 ... 012
二、研究方法 ... 013
三、研究的技术路线 ... 013

第二章 文献综述 ... 015

第一节 商务模式构成要素研究 ... 016

一、商务模式构成要素的界定 …………………………………………… 016

　　二、商务模式构成要素的应用 …………………………………………… 017

第二节　商务模式转型中发展新商务模式的方式 ………………………… 017

第三节　商务模式转型的影响因素 …………………………………………… 019

　　一、影响商务模式转型的企业外部因素 ………………………………… 019

　　二、影响商务模式转型的企业内部因素 ………………………………… 020

　　三、影响商务模式转型的企业家因素 …………………………………… 020

　　四、商务模式转型的时机选择 …………………………………………… 021

第四节　商务模式转型过程研究 ……………………………………………… 022

　　一、商务模式转型的路径构建 …………………………………………… 022

　　二、商务模式转型过程模型的构建 ……………………………………… 022

　　三、商务模式转型过程步骤与管理 ……………………………………… 024

第五节　商务模式转型与企业绩效的关系 …………………………………… 025

第六节　对已有商务模式转型研究的评价 …………………………………… 026

第三章　商务模式转型理论模型构建 ……………………………………… 029

第一节　研究方法的选择 ……………………………………………………… 029

　　一、研究方法的选择 ……………………………………………………… 030

　　二、研究流程 ……………………………………………………………… 030

第二节　案例研究设计 ………………………………………………………… 031

　　一、研究问题 ……………………………………………………………… 031

　　二、理论抽样与分析单元 ………………………………………………… 031

　　三、数据收集 ……………………………………………………………… 032

　　四、数据的排序 …………………………………………………………… 034

第三节　案例简介 ……………………………………………………………… 034

　　一、A公司（零售生活馆） ……………………………………………… 035

　　二、B公司（医药零售） ………………………………………………… 035

　　三、C公司（服装零售） ………………………………………………… 035

四、D公司（服装零售） …………………………………………… 036

　　五、E公司（光学电子） …………………………………………… 036

第四节　数据分析 …………………………………………………… 036

　　一、数据分析技术 …………………………………………………… 036

　　二、开放性编码 ……………………………………………………… 037

　　三、主轴编码 ………………………………………………………… 048

　　四、选择性编码 ……………………………………………………… 051

第五节　现有文献的对比 …………………………………………… 056

　　一、关于环境方面的要素 …………………………………………… 056

　　二、关于人方面的因素 ……………………………………………… 058

第六节　多案例分析 ………………………………………………… 059

　　一、案例企业商务模式转型分析 …………………………………… 059

　　二、商务模式转型影响因素作用分析 ……………………………… 063

　　三、商务模式转型与企业绩效的关系分析 ………………………… 067

第四章　研究假设与变量的测量 …………………………………… 071

第一节　研究假设 …………………………………………………… 071

　　一、高管团队的特征对商务模式转型的作用 ……………………… 071

　　二、核心决策人的特征对商务模式转型的作用 …………………… 075

　　三、环境特征对商务模式转型的作用 ……………………………… 077

　　四、环境特征对高管团队特征与商务模式转型关系的调节作用 … 079

　　五、环境特征对核心决策人特征与商务模式转型关系的
　　　　调节作用 ………………………………………………………… 082

第二节　测量变量 …………………………………………………… 085

　　一、商务模式转型的测量 …………………………………………… 085

　　二、环境的测量 ……………………………………………………… 090

　　三、高管团队的测量 ………………………………………………… 090

　　四、企业核心决策人的测量 ………………………………………… 093

五、企业绩效的测量 …………………………………………… 095

　　　六、案例控制变量选择 ………………………………………… 096

　第三节　研究方法与数据的收集 …………………………………… 097

　　　一、案例调查法 ………………………………………………… 097

　　　二、案例样本的选择 …………………………………………… 099

　　　三、编码手册的形成 …………………………………………… 103

　　　四、案例的编码及举例 ………………………………………… 105

　　　五、测量编码变量的信度与效度 ……………………………… 106

第五章　商务模式转型影响因素实证研究 …………………………… 109

　第一节　变量的选择及其描述性统计 ……………………………… 111

　　　一、变量的选择及样本的确定 ………………………………… 111

　　　二、描述性统计和相关分析 …………………………………… 112

　第二节　层次回归分析 ……………………………………………… 112

　　　一、高管团队特征对商务模式转型的影响分析 ……………… 112

　　　二、环境对高管团队特征与商务模式转型关系的影响分析 …… 116

　　　三、核心决策人特征对商务模式转型的影响分析 …………… 121

　　　四、环境对核心决策人特征与商务模式转型关系的影响分析 …… 124

　　　五、环境对商务模式转型关系的影响分析 …………………… 135

　第三节　本章假设验证结果汇总 …………………………………… 137

第六章　商务模式转型与企业绩效的关系研究 ……………………… 139

　第一节　商务模式转型与企业绩效之间关系的相关假设 ………… 139

　第二节　变量的选择及其描述性统计 ……………………………… 140

　第三节　商务模式转型与企业绩效的假设验证 …………………… 144

　　　一、商务模式转型与转型后两年绩效的关系 ………………… 144

　　　二、商务模式转型与2011~2013年绩效的关系 ……………… 147

第七章 研究结论与展望 ················ 153

第一节 研究结论 ···················· 153
第二节 本研究的理论贡献及实践意义 ········ 155
第三节 本研究的局限性 ················ 157
第四节 研究展望 ···················· 158

附　录 ·································· 161

附录1 访谈提纲 ···················· 161
附录2 主要编码手册 ················ 163

参考文献 ······························ 167

致　谢 ·································· 191

第一章 导 论

第一节 研究背景

商务模式（Business Model），又称商业模式、经营模式、业务模式。随着互联网的出现、普及和电子商务的兴起，商务模式逐渐成为理论界和实践界所共同关注的热点。商务模式的实践发展推动了商务模式理论的丰富。

一、现实背景

随着竞争环境的变化，新的商务模式不断推陈出新，如 Groupon 的团购商务模式、Hulu 的媒体流商务模式、Zara 的快时尚商务模式等。这些新的商务模式，不仅有可能使已有的成功商务模式变得"平庸"甚至"过时"（Teece，2010），而且可能会动摇已有的竞争基础（Wu 等，2010；Aspara 等，2011）。因此，在位企业经常面临这样的情况：在市场动态性的压力下，它们已有的商务模式失去了相对优势（Aspara 等，2011）。"在 20 世纪 80 年代末，与其他企业一起，诺基亚成功创造了基于 GSM 的数字移动电话行业，截至 1998 年，它成为世界领先的移动手机供应商。它的工程师和经理们对 GSM 电话了如指掌……然而，与 GSM 技术的过度亲密使得他们对这一技术过于依赖……在移动互联网时代初见端倪之时，对 GSM 技术的依赖阻止诺基亚认清自身已有商务模式存在的问题，阻止诺基亚向更远的方向进行商务模式转型……这一状况造成了诺基亚不仅落后于它的模仿者（如三星、HTC 等），而且落后于互联网服务平台的创新者（如谷歌、Facebook 等）"（Doz 和 Kosonen，2010），最终以低廉的价格将手机业务出售给微软。柯达作为曾经主宰电影相片行业的企业，在数码相片市场败给了佳能、尼康等（Koen 等，2011），最终沦落到申请破产的境地。在以上例子中，相关企业均拥有充足的资源和成功所需要的技术，但是，每个企业都允许新的进入者以新的商务模式来破坏它们已有商务模式的竞争力（Koen 等，2011），从而最终在残酷的市场竞争中失去自我。

与此相反，瑞士阿尔卑斯牛奶场则通过转型商务模式，成功地避免了破产。瑞士阿尔卑斯牛奶场原有的模式很简单，即"通过（基于现有设施和牧场）饲养奶牛、挤奶、制造奶酪，以每公斤 14~16 瑞士法郎的价格销售奶酪从而获取利润，它们的直接顾客按照偏好顺序为当地的零售商合作社、一些高端餐馆和批发商……"（Chatterjee，2013）之后，在外部环境使得该模式难以为继的情况下，"一个瑞士农民（Paul Wylie）决定改变其原有的模式，运行新的模式，该模式被称为'出租一个奶牛'[①]，该模式被证明是一个巨大的成功，并对当地旅游产业具有溢出效应，它已经被复制到不同的国家和其他产品类别"（Chatterjee，2013）。

一些在位企业拥有强大的资源、技术实力，却因其在商务模式失去竞争力的情况下，未能发现更具有竞争力的模式或及时转型到更具竞争力的模式而导致失败（Koen 等，2011）。瑞士阿尔卑斯牛奶场在其原有模式失去竞争力的情况下，通过及时地转换需求、地点和价值，重新设计新模式，并积极转型到新模式而获得巨大成功（Chatterjee，2013）。

通过对以上相关企业的发展历程及其成败原因的探讨，本书总结如下：随着竞争的加剧和环境的日益动态化，为了生存和发展，企业需要及时发现和设计新商务模式，并使企业顺利地从已有的商务模式转型到新的商务模式。然而，对在位企业来说，Chesbrough（2007）指出，企业拥有一个自然的天性——不愿意变革它们的商务模式，"虽然企业可以意识到向新的商务模式转型的必要性，但是它们将努力与这些思想斗争，因为这些思想需要不熟悉的资产、资源和地位的构

---

① 资料来源：http://www.youtube.com/watch? v=JfYtXPZIuso。

建"(Chesbrough,2007)。因此,对于在位企业而言,是否进行商务模式转型以及转型的程度如何,是企业家面临的一项艰难抉择(McGrath,2010;Demil 和 Lecocq,2010)。

二、理论背景

1. 企业成长理论

追求企业的永续长存是实践界和理论界的共同愿望。为了探索企业持续成长的秘密,伊迪丝·彭罗斯(1959)从企业内部视角出发,建立了一个"企业资源—企业能力—企业成长"的内生成长理论分析框架,即企业是一个以行政管理框架的限定为边界的资源集合体,其拥有的资源状况决定企业能力的基础,而企业能力决定企业成长的速度、方式和边界。该理论重点关注内部资源,虽然,注意到企业外部环境的作用,但是没有将其完全纳入分析框架中。为了进一步探究企业成长的规律,伊查克·爱迪思(1979)提出了企业生命周期理论,该理论描述了企业生命周期的各个阶段及其特征,并提出了相关的预测、分析、诊断工具。该理论较为注重企业自身的发展规律,相对忽视了外部环境对企业的作用。之后,基于产业组织理论,迈克尔·波特在 1975~1990 年间完成了"竞争三部曲"——《竞争战略》、《竞争优势》和《国家竞争优势》。通过"三部曲",波特为人们认识企业内部活动、行业结构和产业集群提供了非常有价值的工具和方法。"这种解构分析的做法并不能很好地提供解决战略实践问题的答案。解决战略实践的问题需要综合运用提出的各种方法,特别是注意平衡协调各种方法之间的关系"。[①] Wernerfelt(1984)在伊迪丝·彭罗斯(1959)的基础上,进一步强调资源作为企业战略基础的重要性。Barney(1991)奠定了资源基础观的基本观点。Prahalad 和 Hamel(1990)提出了"核心能力"(Core Competence)理论。以上观点是以不完全竞争的卖方市场为前提,随着竞争环境的日益动态化,这些观点对企业行为的解释力在减弱(翁君奕,2007)。基于核心竞争力无法克服"核心刚性"这一缺憾,Teece 和 Pisano(1994)首次提出"动态能力"(Dynamic Capa-

---

[①] 引自项保华(2003)伐谋皆上兵,卷帘天自高——战略大师波特与他的"竞争三部曲"。

bilities），之后，Teece 等（1997）阐述了动态能力理论。动态能力理论帮助企业适时调整资源组合和能力组合以应对变化的外部环境，从而保持企业竞争优势的持续性（Rajala，2009a）。但是，当市场环境向动态完全竞争趋近时，环境要求企业实现三组过去相互冲突而现在又必须协同的关系，即"既要差异化，又要总成本领先；既要定位稳健，又要反应快捷；既要创造价值，又要分享价值"（翁君奕，2007）。动态能力理论难以帮助企业实现这种协同（翁君奕，2007），在解释和评价新兴企业（诸如 eBay、亚马逊等企业）的迅速崛起方面略显乏力。针对这一状况，翁君奕（2007）认为如何寻求多维协同的组合战略方案是战略管理创新的重要方向，并进一步引入商务模式作为多维协同组合战略管理理论的一个架构，以实现三组关系的协同。

2. 商务模式理论

当前，实践界和理论界在商务模式对企业生存和成长的重要性方面得到一些共识。"现代管理之父"彼得·德鲁克在《德鲁克日志》中提出，"当今企业之间的竞争，不是产品之间的竞争，而是商务（业）模式之间的竞争"。当今商务模式的研究逐步成为学术研究的热点领域之一，越来越多的学者投入到商务模式的研究之中。Pateli 和 Giaglis（2004）通过对 29 篇核心文献的分析，辨识出商务模式研究领域的八个子领域：一是定义商务模式的目的、范围和基本要素；二是商务模式基本维度的构建；三是商务模式的分类；四是商务模式概念模型的构建；五是商务模式的设计方法和工具；六是影响商务模式采纳的因素；七是商务模式的评估；八是商务模式变革的方法。本书通过对相关文献的收集、回顾，发现当前对有关商务模式变革方面的研究日益丰富，主要集中在商务模式变革的过程及步骤（Osterwalder 等，2005；Samavi 等，2009；Pateli 和 Giaglis，2005；Demil 和 Lecocq，2010）、商务模式变革的阻碍和动力因素等方面（Rajala 和 Westerlund，2006；Willemstein 等，2007；Demil 和 Lecocq，2010；Wirtz 等，2010；Teece，2010；Govindarajan 和 Trimble，2011）。有关商务模式变革过程、步骤等的观点，多数是通过案例分析或者基于经验判断而得出的。有关商务模式变革的影响因素研究相对简单，学者们或者从一个角度提出一个因素，或者从一个案例中发现一个或两个因素，视角不够全面系统，给人以盲人摸象的感觉。

当前的研究中，对特定企业的实证研究及关于"如何"创新商务模式的研究在激增（Chesbrough，2010；McGrath，2010），但是，已有的研究较少注意商务模式转型（Aspara 等，2013）。

根据本书研究所收集的资料显示，翁君奕（2004）、Rajala 和 Westerlund（2006）、Aspara 等（2011，2013）明确提出"商务模式转型"（Business Model Transformation）一词，Aspara 等（2013）提出了商务模式转型的概念。翁君奕（2004）初步研究了商务模式转型的时机和转型的动因；Rajala 和 Westerlund（2006）明确提出商务模式转型，并通过研究不同类型商务模式所需要的关键能力的不同，认识到商务模式转型的困难。Aspara 等（2011，2013）基于认知过程视角，研究高管认知如何影响公司层商务模式转型决策。

从相关研究进展来看，商务模式转型领域存在进一步深入研究的空间。

第二节　研究问题的提出

市场竞争的加速与市场的快速变化，使得企业的寿命越来越短。为了寻求企业的持续成长，相关学者进行了不懈的努力。近期，相关学者把目光投向了商务模式。商务模式对企业生存和发展的重要性得到了一些学者的认同（Amit 和 Zott，2001；Teece，2010；McGrath，2010；Zott 和 Amit，2007，2008），然而，商务模式不是固定不变的，其具有动态演化的特征（Willemstein 等，2007；Mason 和 Leek，2008；Reuver 等，2009；Demil 和 Lecocq，2010；Cavalcante 等，2010）。

在实践中，一个商务模式一旦被执行，其要素经常会变得透明和容易被模仿，在一定程度上，成功的商务模式经常变成由多个竞争者共享，从而这些所谓的成功商务模式会变得"平庸"甚至"过时"（Teece，2010）。为了生存和发展，企业需要发现和设计新的商务模式，并适时转向新的商务模式。因此，企业商务模式转型是一个重要的问题，该问题的解决将有助于实现企业的经久不衰（翁君奕，2011）。

资本的相对充裕、竞争的日益激烈、技术进步的不断加快以及消费需求的日益多样化和个性化，使得商务模式本身的生命周期越来越短（翁君奕，2004；Morris 等，2005）。对于在位企业而言，寻找新的商务模式意味着已有商务模式和新商务模式之间的共存，选择什么时机从当前商务模式转型到新商务模式将是巧妙的平衡行为（Chesbrough，2010）。而理论界对商务模式转型的研究还处于初级阶段（Aspara 等，2013），对哪些因素影响商务模式转型、商务模式转型是否能带来良好的企业绩效等问题的研究还处于起步探索阶段。

为了促进企业的持续成长与发展，本书选择商务模式转型的影响因素，从企业视角观察、梳理其业务所采用的商务模式的动态演进过程，确定影响商务模式转型的因素，研究商务模式转型与企业绩效之间的关系，从而丰富商务模式理论，更好地指导企业实践。

第三节　关键概念的界定

本书研究主要界定商务模式、商务模式构成要素以及商务模式转型等概念。

一、商务模式的概念

对商务模式的许多困惑和混淆来自于这一事实——不同的作者在使用"商务模式"这一词语时所指的事情是不一样的（Linder 和 Cantrell，2000；Osterwalder 等，2005）。根据自身的观察和理解，结合研究目的，相关学者从不同视角，提出方便其研究的工作定义。相关学者提出的商务模式定义总结如表 1-1 所示。基于相关学者的观点，本书研究发现，Reuver 等（2009）、Demil 和 Lecocq（2010）等确定商务模式定义的目的是研究商务模式动态性。根据研究目的，本书采用 Reuver 等（2009）对商务模式的界定，即商务模式是关于组织如何创造价值的逻辑。

表1-1 相关学者提出的商务模式定义汇总

作者	定义	分析的核心	概念模型	包括的例子
Reuver 等 (2009)	关于组织如何创造价值的逻辑	市场、技术和政策法规等对商务模式动态性的驱动影响	模型机制	迪斯尼、谷歌、思科等60多个企业商务模式
Demil 和 Lecocq (2010)	采用相关活动和资源确保可持续性和成长的方式	商务模式随时间而变化	模型机制	Arsenal FC
Teece (2010)	企业如何向顾客传递价值,如何将支付转换为利润	商务模式概念的定位;与技术创新相关的商务模式创新	类型和类别;角色模型	Swift Meat Packers, Netflix Online DVD Rental
Zott 和 Amit (2010)	超越核心企业和扩展边界的、相互依赖的活动系统	强调超越企业边界的相互依赖;好的设计包括:内容(什么)、结构(联系)和治理(谁来做什么)	类型和类别	eBay, Inditex (Zara) First Data Corp, FriCSO
Itami 和 Nishino (2010)	一个利润模型,一个业务传递系统和学习机制	学习中心阶段;通过企业系统进行分类	角色模型和模型机制	丰田和谷歌
Yunus 等 (2010)	一个价值系统和一个价值定位	介于利润和慈善之间的社会商务模式	角色模型	Grameen Bank+Telenor, Veoila 和 Danone Collaborations
Sabatier 等 (2010)	胜任力和顾客需求的交叉点(Cross Roads)	商务模式组合	处方	法国生物技术企业

资料来源: Baden-Fulle C., Morgan M.S.. Business Models as Models [J]. Long Range Planning, 2010, 43 (2): 156-171.

二、商务模式构成要素

Magretta(2002)认为一个好的商务模式回答了彼得·德鲁克的问题:谁是顾客?顾客价值是什么?同时,它也回答了每一个经理人必须回答的基本问题:如何从业务中赚钱?暗含在其中的经济逻辑是什么?如何以合适的价格将价值传递给顾客?因此,结合相关学者的研究及 Magretta(2002)、Shi 和 Manning(2009)的分析,本书沿用翁君奕(2004)的观点,认为商务模式构成要素包括价值主张、价值支撑和价值保持等。价值主张是企业向顾客提供的、具有特定价值定位的产品或服务的组合以及企业向顾客传达的价值理念(翁君奕,2004)。价值支撑是企业为了实现价值主张,围绕顾客及顾客价值,确定所需要的各种资源和能力以及获得这些资源和能力的方式,确定业务流程,构建与各种利益相关者的关系，确定收入来源，以保证实现企业的顺利经营（翁君奕，2004）。价值保持是指商务模式的各种风险以及对各种风险的防范，这些风险主要包括商务模式要素存在的风险、要素之间的兼容性风险以及商务模式整体存在的系统风险（Shi 和 Manning，2009）。

本书将商务模式构成要素确定为价值主张、价值支撑、价值保持。这三个要素之间的关系如何？翁君奕（2004）、Hwang 和 Christensen（2008）、Leavy（2010）认为一个成功商务模式的起点是价值主张。在价值主张确定之后，企业需要确定相关的资源集合（包括人、供应商、智力资产、设备和现金等）、设计相关的流程、构建产品价格和收入构成等以传递价值主张（翁君奕，2004）。因此，价值主张是商务模式构成要素中最基础的要素，处于灵魂地位，对价值支撑起着决定作用。价值支撑建立起来后，将决定价值主张能否实现、实现的速度和效率（翁君奕，2004；Hwang 和 Christensen，2008）。价值保持存在于价值主张、价值支撑以及二者的连接等各个方面（翁君奕，2004；Shi 和 Manning，2009）。如图 1-1 所示。

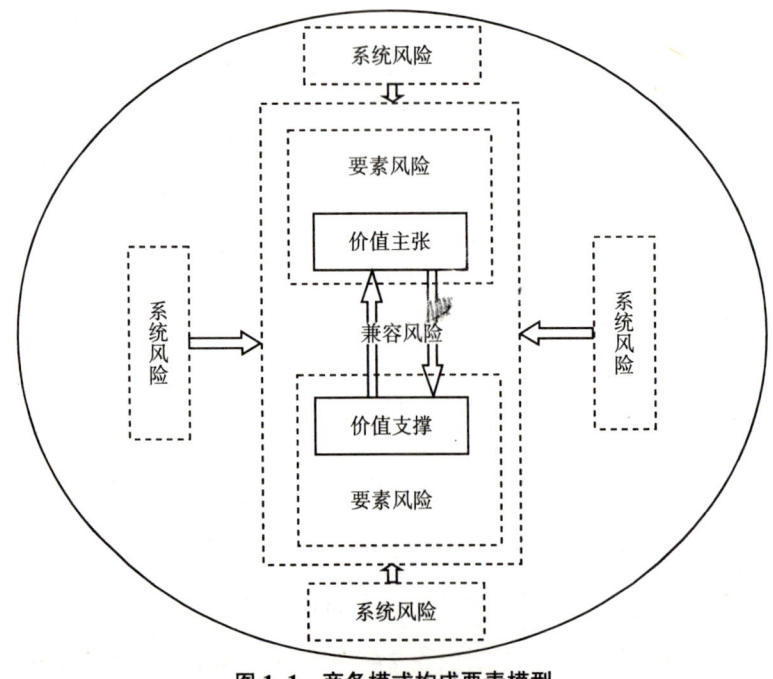

图 1-1　商务模式构成要素模型

资料来源：本研究编制。

三、转型的概念

从词义上理解,"转型"一词对应英语中的"Transformation"。在现代汉语词典[①]中,"转型"是动词,有两种解释,"一是社会经济结构、文化形态、价值观念等发生转变;二是转化产品的型号或构造"。自"转型"被引入企业管理领域,"转型"一词频频出现,逐步成为人们关注的热点之一。对"转型"一词,不同学者有不同的解释。目前,比较受认同的"转型"定义是 1993 年在 INSEAD 举办的"公司更新中心"(Corporate Renewing Center)学术会议中所做的解释:转型是一个"二维"概念,是组织逻辑的根本性变化,这种变化将导致行为的根本性转换,或者由组织行为的根本性转换而引起(转引自 Muzyka 等,1995)。Blumenthal 和 Hasperlagh(1994)通过区分转型与重组(Restructuring)等其他变革,提出了转型的定义,即创造行为的改变,并进一步认为转型是一个充满困难的过程,需要管理的协调和持续努力。

基于以上对转型的认识,结合本书的研究问题,采用目前比较受认同的定义,即"转型是一个'二维'概念,是组织逻辑的根本性变化,这种变化将导致行为的根本性转换,或者由组织行为的根本性转换而引起"。

四、商务模式转型的概念及相关概念的辨析

在当前的研究文献中,以"商务模式转型"(Business Model Transformation)为关键词的文章或著作,是由翁君奕(2004)、Rajala 和 Westerlund(2006)、Aspara 等(2013)等学者所著。

1. 商务模式转型概念的界定

对商务模式转型的概念进行界定的相关学者相对较少。本书研究所收集的文献中,Aspara 等(2013)对该概念进行了界定。与商务模式转型接近的名称,如"商务模式变革"(Business Model Change)、"商务模式演化"(Business Model Evolution)、"商务模式更新"(Business Model Renewal)、"商务模式重塑"

---

① 现代汉语词典 [M]. 北京:商务印书馆,2005.

（Business Model Reinvention），也鲜有学者进行概念的界定。Aspara 等（2013）基于商务模式的概念，将商务模式转型定义为"为了公司业务之间创造价值的连接，从一个时间点到另一个时间点，公司改变创造价值逻辑的过程"。

结合以上对商务模式概念、转型概念的界定，基于 Aspara 等（2013）的定义，本书将商务模式转型界定为：为了企业的生存和发展，在一段时间内（通常是一个时间点到另一个时间点），在位企业通过商务模式组成要素的重大变化，使得组织创造价值的逻辑发生根本性改变，实现从已有的商务模式转变为新的商务模式的过程。其中，新商务模式是相对的，可能是企业通过创新而形成的、前所未有的商务模式，也可能是对其他企业商务模式的简单模仿而形成的模式，也可以是对其他企业已有商务模式的二次创新形成的模式。

2. 商务模式转型与商务模式变革（Change）的关系辨识

基于商务模式变革类型的划分、变革的过程等方面的研究成果，本书将二者的关系总结如下：

商务模式转型与商务模式变革是密切相关的概念。基于 Cavalcante 等（2010）划分的商务模式变革的四种类型，本书得出：商务模式转型是商务模式变革的一种类型。

商务模式转型与商务模式变革的区别主要体现在二者涉及的对象范围不同、二者变化的程度不同。

第一，二者所涉及的对象范围不同。商务模式变革可能仅仅涉及商务模式的某些环节或要素；商务模式转型涉及商务模式所包含的众多要素以及要素之间的连接。

第二，二者变化的程度不同。转型是对变革对象实现一种根本性的变革，是变革的一种最高模式（项国鹏，2001）。因此，商务模式转型带来的变化程度高于商务模式变革带来的变化程度。

因此，本书认为，商务模式变革包括商务模式调整、修改，也包括商务模式根本逻辑的改变；商务模式转型仅仅包括商务模式根本逻辑的改变，是商务模式变革的最高形式。

第四节　研究内容与结构安排

一、研究内容

根据前面的研究背景介绍与理论背景的简要回顾，本书将研究主题确定为商务模式转型及其影响因素。本书期望通过对相关企业一手资料和二手资料的收集，采用多案例方法，运用扎根理论的编码技术，构建商务模式转型影响因素理论模型。在构建商务模式转型影响因素模型的基础上，本书采用案例调查法获得研究相关变量的数据，利用层次回归分析对研究变量进行回归统计分析，以验证商务模式转型影响因素理论模型。

二、本书的结构安排

本书共分为七个章节，分别是导论、文献综述、商务模式转型理论模型的构建、研究假设与变量的测量、商务模式转型影响因素实证研究、商务模式转型与企业绩效的关系研究、研究结论与展望。

第一章"导论"。首先从研究背景出发，引出研究问题，确定研究的内容与结构安排、研究方法，分析研究的目标。

第二章"文献综述"。在对国内外商务模式文献研究的基础上，系统地梳理了商务模式研究的发展历程、商务模式转型的过程模型、商务模式转型的影响因素、商务模式与企业绩效之间关系的研究，旨在把握已有的研究成果、已有研究存在的缺憾，以便使本书既能继承已有的研究成果，又能弥补已有研究的不足，推动理论的发展，进而为本书构建商务模式转型影响因素模型奠定基础。

第三章"商务模式转型理论模型的构建"。通过多案例研究，采用扎根理论的编码技术，构建商务模式转型影响因素理论模型，为进一步开展大样本实证研究奠定基础。

第四章"研究假设与变量的测量"。在第三章商务模式转型理论模型构建的基础上,本章结合相关文献,提出了实证研究的相关假设,确定了相关研究变量的测量,通过案例调查法获得相关变量的数据,并对数据的信度和效度进行检验,为实证研究奠定坚实的理论基础。

第五章"商务模式转型影响因素的实证研究"。在第四章模型构建和数据收集的基础上,对变量进行统计分析,验证相关影响因素方面的假设,并对相关的结论进行探讨和分析。

第六章"商务模式转型与企业绩效的关系研究"。在第四章相关数据收集的基础上,进一步选择符合本章研究要求的样本,对数据进行梳理和整理,验证商务模式转型与企业绩效之间关系的相关假设,并对相关结论进行探讨和分析。

第七章"研究结论与展望"。通过对实证结果进行总结,明确本书的理论贡献和实践意义,并提出本书目前存在的不足和缺憾,对后续的可能研究进行展望,提出未来研究的建议。

第五节 研究目标及研究方法

一、研究目标

通过对相关研究的回顾和本研究的内容,本书研究目标如下:

(1)构建商务模式转型的影响因素模型。采用多案例研究,利用扎根理论构建商务模式转型的影响因素模型,并通过与已有文献的对比,最终确定商务模式转型影响因素模型。

(2)建立商务模式转型的测量方式。商务模式相关实证研究相对匮乏,原因在于商务模式量表设计的难度、量化的难度。本书期望通过对相关文献的回顾分析,实现商务模式转型的量化测度。

(3)定量验证商务模式转型影响因素模型。本书期望通过采用案例调查法收集数据，兼顾变量的量化和案例研究，验证相关因素对商务模式转型的影响作用。

（4）在上述研究的基础上，分析商务模式转型与企业绩效的关系，以期探讨商务模式转型的实践意义。

二、研究方法

本书的研究目的是促进商务模式理论的发展，推动企业商务模式转型实践活动。为了实现本书的研究目的，结合本书的研究问题，拟采用探索性案例研究方法、案例调查法和层次回归分析法等定性和定量分析方法进行理论研究与实证研究。具体如下：

（1）案例研究法。通过案例资料的收集，采用扎根理论的编码技术，以及对所收集案例的分析，探索商务模式转型影响因素，以此来构建商务模式转型影响因素的模型。

（2）案例调查法。案例调查法允许定量分析和统计一般化，同时也融合了丰富的案例材料（Larsson，1993）。利用案例调查法对二手资料进行分析和编码，从而获取定量研究的数据。在此基础上，本书开展定量研究。

（3）层次回归分析法。利用 SPSS17.0 统计软件对相关数据进行计量统计分析，以验证商务模式转型影响因素理论模型。

三、研究的技术路线

本书选用的基本技术路线是通过文献研究和理论研究明确研究主题；通过案例分析构建模型，在此基础上，结合相关文献，提出研究假设；通过样本选择、变量度量获得相关研究数据，基于这些数据，进行假设检验，分析结果，得出结论（如图 1-2 所示）。

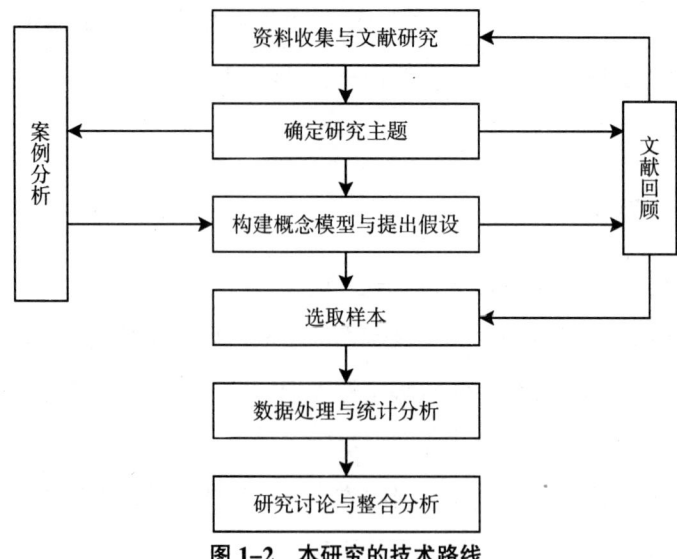

图 1-2 本研究的技术路线

资料来源：本研究编制。

第二章　文献综述

在第一章中，本书将商务模式转型界定为：为了企业的生存和发展，在一段时间内（通常是一个时间点到另一个时间点），在位企业通过商务模式组成要素的重大变化，使得组织创造价值的逻辑发生根本性改变，实现从已有的商务模式转变为新的商务模式的过程。

通过 EBSCO、ProQuest、JSTOR、Science Direct、中国期刊全文数据库、万方数据资源服务系统等中外数据库收集到的有关商务模式的文献以及相关的书籍中，明确提出"商务模式转型"这一概念的文献数量有限，多数采用商务模式变革、商务模式更新、商务模式演化、商务模式重塑等概念（李黎，2011）。这些概念均是对商务模式变革现象的描述，但是在变革的程度、层次上存在差异。因此，商务模式转型与商务模式变革、商务模式更新、商务模式演化、商务模式重塑是相关的，与这些概念相关的研究成果可以成为本书商务模式转型研究的基础。通过对商务模式转型的概念分析，本书认为，商务模式转型与商务模式构成要素、目标商务模式、转型过程等密切相关。因此，本书从商务模式构成要素、转型中发展新商务模式的方式、商务模式转型的影响因素、商务模式转型过程研究、商务模式转型与企业绩效的关系等方面进行相关文献的回顾。

第一节 商务模式构成要素研究

一、商务模式构成要素的界定

相关学者对商务模式构成要素的界定有多种。Shafer 等（2005）回顾了 1998~2002 年出版读物中的 12 个定义，并从中发现了 42 个不同的商务模式要素，按照出现频率的高低，排名前六位的要素依次为：价值网络（供应商）、顾客（目标、市场、范围）、资源（资产）、价值主张、能力/胜任力、流程/活动。基于 Shafer 等（2005）对 1998~2002 年文献的整理，以及国内 2002 年以前商务模式研究相对较少的事实，本书将 2002 年以后有关学者关于商务模式组成要素的观点列举如表 2-1 所示。

表 2-1 2002 年以后相关学者有关商务模式构成要素的观点举例

作者及年份	商务模式的要素/维度
Pateli 和 Giaglis（2004）	财务衡量（如收入增长，投资回报）、顾客衡量（如市场份额，顾客满意度）、流程衡量（如雇员的生产效率，服务传递）和成长性衡量（雇员能力，创新潜力）
Shafer 等（2005）	战略选择、价值主张、能力/胜任力、收入/定价、竞争者、产出、价值网络、创造价值和获取价值
Osterwalder 等（2005）	产品界面（价值主张）、顾客界面（目标顾客、分销渠道、关系）、基础设施管理（价值构建、核心能力、伙伴网络）、财务方面（成本结构、收入模式）
Morris 等（2005，2006）	与提供物有关的因素（6个）、市场因素（5个）、内部能力因素（7个）、竞争战略因素（5个）、经济因素（4个）、个人/投资因素（4个）
Chesbrough（2007）	价值主张、目标市场、价值链、收入机制、价值网络或生态系统、竞争战略
Johnson 等（2008）	客户价值主张（目标顾客、要完成的工作、提供物）、盈利模式、关键资源、关键流程
Demil 和 Lecocq（2010）	资源和胜任力（Competence）、组织结构和价值主张
Teece（2010）	价值创造、价值传递和价值获取
McGrath（2010）	"业务单位"、过程或者经营的优势
Casadesus-Masanell 和 Ricart（2010）	商务模式的组成部分：第一个是关于组织如何经营所做出的具体选择；第二是这些选择的结果

资料来源：作者根据相关文献整理而成。

由表 2-1 可知，相关学者从不同的视角对商务模式的构成要素进行了分析，所提出的要素数量、名称、内容存在差异。通过仔细甄别相关学者提出商务模式要素的背景、相关要素的界定和说明等，本书发现 2002 年以后主要相关文献中，出现频次排名前七位的商务模式构成要素依次为：价值主张（Value Propostion）（包括产品/服务）、财务方面（资本结构、收入成本、利润、价值获取）、关键资源/能力/胜任力、价值链、组织（组织结构等方面）、业务流程、价值网（合作关系、伙伴关系、顾客关系）。

其中，价值主张（Value Propostion）（包括产品/服务）要素聚集了诸多学者的目光（Chesbrough，2007；Demil 和 Lecocq，2010；Johnson 等，2008；Shafer 等，2005；Osterwalder 等，2005），是本研究收集到的文献中出现频次较高的词语。价值主张（包括产品/服务）作为商务模式的构成要素或维度，得到了相关学者一定程度的认可。

二、商务模式构成要素的应用

相关研究对商务模式的要素确定之后，主要将其应用于以下方面：①对商务模式本身进行定义；②作为对商务模式分类的依据；③对商务模式本身进行评价；④提出商务模式创新途径；⑤为研究商务模式变革和演化奠定理论基础（如 Bjökdahl，2009；Demil 和 Lecocq，2010；李东和苏江华，2011）。

第二节 商务模式转型中发展新商务模式的方式

在市场动态性的压力下，在位企业已有的商务模式失去了它的相对优势（Wu 等，2010）。在认识到竞争性侵蚀的威胁后，在位企业开始从事商务模式转型，以新的商务模式代替已有的商务模式（Aspara 等，2011）。然而，在位企业如何在已有模式的基础上，探索新的、可选择的商务模式？相关学者提出了以下建议。

1. 试错试验

基于组织学习理论的视角，相关学者提出在位企业可以通过试错试验的方法探索新的、可选择的商务模式（Chesbrough，2007；McGrath，2010；Sosna 等，2010；Yunus 等，2010；Baden-Fuller 和 Morgan，2010；Andries 和 Debackere，2013；Bohnsack 等，2014）。Baden-Fuller 和 Morgan（2010）认为在企业商务模式转型过程中，通过试错试验可以更好地理解和发现新商务模式，并对相关学者的研究进行了总结，如表 2-2 所示。McGrath（2010）进一步认识到试验需要投资，并提出将财务工具作为试验的工具，并以亚马逊商务模式为例进行了说明——亚马逊采用新模式之前，它采用了一系列小的投资来进行试验，当试验不能产生希望的财务绩效时则砍掉该商务模式，当有潜力时则保持该商务模式。

表 2-2 商务模式试验的例子

作者	公司例子	试验的类型
Sosna 等	Naturhouse	通过经理人的新商务模式来改变企业的有意的、真实的试验
Svejenova 等	Ferran Adriá 和 elBulli restaurant	通过企业家创造新商务模式的有意的、真实的试验
McGrath	Freemium Models 和谷歌	通过经理人将商务模式嵌入到企业中的有意的、真实的试验
Doz 和 Kosonen	经理人的心智模式	通过经理人的试验为现有的企业（业务）创造新商务模式
Chesbrough	3Com 和 Radiohead	通过经理人部分计划和部分基于企业的实际情况的试验
Dahan 等	Corporate/NGO Collaborations	通过经理人的试验，在不同 NGO 的合作来发展社会商务模式
Wirtz 等	Web2.0 的商务模式：Wikipedia 和 Myspace	通过学术界的试验，将 Web2.0 现象和互联网企业商务模式的变革联系起来
Thompson 和 MacMillan	为社会财务创造的新企业	通过学术界的试验和实际项目试验为新的、社会的财富市场创造商务模式
Smith 等	USA Today，对话设备	在探索和开发中，通过经理人和学术界的试验保持平衡

资料来源：Baden-Fuller C., Morgan M.S.. Business Models as Models [J]. Long Range Planning, 2010 (43): 156-171.

同时，相关学者注意到了路径依赖对试错试验过程的影响（McGrath，2010；Andries 和 Debackere，2013；Bohnsack 等，2014）。基于路径依赖性，McGrath（2010）认为早期的试验塑造了商务模式未来的轨道。而 Andries 和 Debackere（2013）则进一步将试验分为两种类型——增量试验和剧烈试验，并认为增量试验受到路径依赖的影响，将使其转型到一个与最初模式相关的次优模式，而剧烈试验不受路径依赖的限制（Minniti 和 Bygrave，2001）。Bohnsack 等（2014）则分析了路径依赖行为对在位企业通过试验发展新商务模式的影响，结果表明：一方面，路径依赖限制在位企业通过试验来发现新商务模式；另一方面，在位企业已有的财务优势和成功轨迹，提高了企业通过试验发现新商务模式的机会。

2. 感知测试工具

基于感知理论（Weick，1995），Voelpel 等（2005）提出，感知测试工具（Sense-Testing Tool）可以帮助在位企业发现新的商务模式，该工具的四个关键维度为：一是感知新顾客价值主张的可能性；二是感知技术的正确使用和影响；三是感知行业价值链的构建和/或企业系统基础设施的构建；四是感知潜在/改造商务模式的持续性。

3. 双循环学习

基于组织学习的视角，Sterman（2000）在单循环学习的基础上，提出了单循环和双循环学习，通过已有商务模式的运作过程得到学习反馈，进而帮助在位企业发现新商务模式。

第三节　商务模式转型的影响因素

本书从商务模式转型的企业外部因素、企业内部因素、连接企业内部和外部的企业家因素和转型时机四个方面对相关文献进行梳理。

一、影响商务模式转型的企业外部因素

Wirtz 等（2010）认为外部环境的改变而导致的战略性商务模式更新，将对企业的长期发展前景产生实质性的影响。

相关学者采用不同的方法，从不同的视角提出影响商务模式转型的企业外部环境中的某些因素。这些影响因素多是学者在研究相关问题时所提出的个人观点，仅仅提出了一个或几个影响因素。本书通过对相关研究观点进行归纳总结，认为具体的企业外部因素主要包括技术的变革（Aspara 等，2011；Fleury 和

Fleury，2014；Reuver 等，2009；Linder 和 Cantrell，2000；翁君奕，2004)、经济氛围 (Giesen 等，2010)、行业转型 (Giesen 等，2010；翁君奕，2004)、制度环境 (Fleury 和 Fleury，2014；Linder 和 Cantrell，2000)、市场的变化 (包括消费者需求的变化、新潜在市场的发掘等) (Aspara 等，2011；Fleury 和 Fleury，2014；Reuver 等，2009；Linder 和 Cantrell，2000；翁君奕，2004) 等因素。

二、影响商务模式转型的企业内部因素

相关学者采取不同的方法，从企业内部的视角各自提出影响商务模式转型的企业内部因素。本书通过对相关学者零散的研究观点进行归纳总结，认为具体的企业内部因素主要包括新产品或服务提供物 (Giesen 等，2010；翁君奕，2004)、战略的变革 (Willemstein 等，2007；翁君奕，2004)、资源和能力 (Brink 和 Holmén，2009；Doz 和 Kosonen，2010)。而 Johnson 等 (2008) 从企业内部运营和财务管理的视角，提出了影响商务模式转型的因素，具体来说，包括财务方面的影响因素、运营方面的影响因素、企业内部生产还是外包生产等因素、除此之外的其他影响因素等。

三、影响商务模式转型的企业家因素

现有文献中对影响商务模式转型的企业家因素的研究，通常散落在研究者只言片语的叙述中。在本书所收集的文献中，仅有 Aspara 等 (2013) 基于认知的视角，分析了企业家认知对诺基亚 1990~1996 年商务模式转型的影响。本书将这些观点归纳起来，发现这些观点主要集中于对企业家在转型或变革中重要作用的肯定和企业领导者更换对变革的可能影响方面。具体的观点如下：

(1) 作为连接企业内部和外部的中介——企业家，对商务模式转型起着重要作用。Govindarajan 和 Trimble (2011)、郑石明 (2006)、程愚 (2010) 等学者从不同的视角肯定了企业经理人 (CEO) 在商务模式转型中的重要作用。

(2) 经理人心智模式的作用。基于双循环学习模式，Petrovic 等 (2001) 提出改变经理人的心智模式对于商务模式转型的成功至关重要。

(3) 高管更替的作用。程愚 (2010) 认为企业领导者的更换，通常都会导致

商务模式发生重要变化。

（4）企业家个人层次的认知。Aspara 等（2011，2013）认为企业家个人层次的认知（主要包括个人价值、信仰和背景等），强烈地影响企业对目标商务模式的选择及其商务模式转型。

（5）高管团队的组成成分。基于案例分析的结果，Aspara 等（2011）提出高管团队的组成成分（主要包括企业人力资源系统和公司文化等）影响企业商务模式转型。

基于对相关学者观点的回顾，可以发现，相关学者对企业家和商务模式转型的关系研究，较为集中在强调企业家对商务模式动态性、变革/转型等的重要性认识方面。因此，企业家和商务模式转型的关系需要相关学者进一步探索研究。

四、商务模式转型的时机选择

在确定新的目标商务模式、企业做出商务模式转型决策之后，商务模式转型的时机选择将成为商务模式转型面临的重要问题之一。通过观察，Johnson 等（2008）总结得出五种需要改变商务模式的情形。翁君奕（2004）认为"企业商务模式转型时机是否成熟，还取决于以下因素：等待的期望损失、转型的转换成本、转型前景的不确定性、组织变革惰性以及领导人的危机意识和驾驭变革的能力等"。

通过对有关商务模式转型影响因素、转型时机方面研究的回顾，可以发现，相关学者对商务模式转型影响因素的研究，或者是从某个案例中得出一个观点，或者是从单一视角出发，提出一个单一因素。虽然相关学者对商务模式转型影响因素的研究进行了有意义的探索，但是相关研究尚未完全深入，有待更进一步的研究，以指导企业实践。

第四节　商务模式转型过程研究

在提供了可选择的目标新商务模式、企业在合适的时机做出转型决策之后，企业将面临如何实现从已有商务模式转型到新的商务模式这一问题。为此，相关学者提出了商务模式转型的路径、过程及步骤。

一、商务模式转型的路径构建

商务模式转型涉及企业已有商务模式和目标新商务模式。为了更好地指导在位企业的商务模式转型，相关学者在对所有商务模式进行分类或对某个行业的商务模式进行分类的基础上，规划了企业在不同类型商务模式之间的迁移路径。

在对所有商务模式进行分类的基础上，相关学者规划了企业在不同类型商务模式之间的迁移路径（Lindgardt 等，2009；Chatterjee，2013）。基于效率和感知价值两个维度，Chatterjee（2013）将商务模式分为四种类型——基于效率的模式、基于价值的模式、基于网络价值的模式、基于网络效率的模式，并进一步以基于价值的模式作为四种类型商务模式的起始点，提出了企业在这四种类型的模式之间可能的迁移路径。基于对顾客的价值主张和供应商的收入产生逻辑两个维度，Lindgardt 等（2009）将商务模式分为五种类型，并进一步从提高企业绩效的视角，提出了五种类型商务模式之间可能的迁移途径。

在对某个行业的商务模式进行分类的基础上，相关学者规划了企业在不同类型商务模式之间的迁移路径（Willemstein 等，2007）。基于对生物医药行业企业商务模式的分析，Willemstein 等（2007）将其模式分为五种不同类型，之后通过统计分析，得出北爱尔兰生物医药行业企业在不同类型商务模式之间转型的概况。

二、商务模式转型过程模型的构建

商务模式转型路径的确定，为商务模式转型提供了方向指引。而针对在位企业如何从已有模式转型到未来新模式，相关学者从不同的视角出发，构建了商务模式转型过程的概念模型。

Osterwalder 等（2005）、Samavi 等（2009）关注于商务模式转型过程模型的构建，相关观点如下文所述。

从环境与已有商务模式的匹配程度出发，Osterwalder 等（2005）确定了在位企业从已有模式转型到未来新模式的流程模型，即企业首先分析环境对商务模式的压力是否大到需要设计新的商务模式；之后，以新的商务模式为目标，通过计划、改变和执行等步骤，将新商务模式落实到企业之中，并将其过程总结为如图2-1 所示。与 Osterwalder 等（2005）的观点相似，Samavi 等（2009）通过确定当前的商务模式、转型状态的中间模式、未来的商务模式在坐标中的位置，构建了商务模式转型的过程模型。但是，Samavi 等（2009）在 Osterwalder 等（2005）所构建模型的时间维度基础上，增加了层面维度，进而使得商务模式转型的过程模型更为直观。同时，Samavi 等（2009）引入商务模式构成要素的视角，区分了已有商务模式和未来新商务模式之间的差异，并进一步将商务模式转型过程描述为：已有商务模式如何通过商务模式要素的改变，经过转型状态中间模式转换到未来新商务模式。

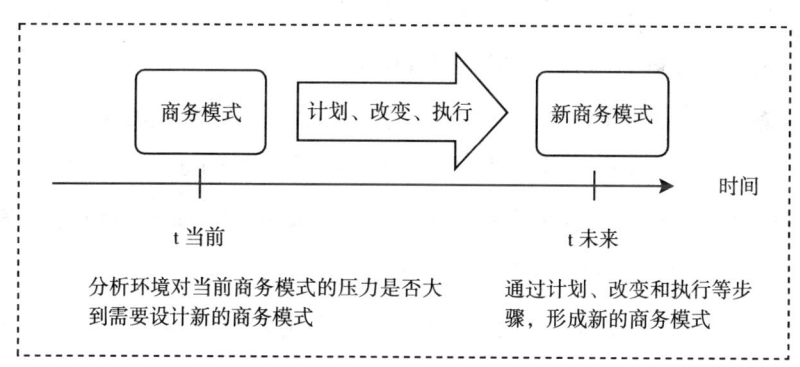

图 2-1　计划、改变和执行商务模式

资料来源：Osterwalder A., Pigneur Y., Tucci C.L.. Clarifying Business Models: Origins, Present, and Future of the Concept [J]. Communications of the Association for Information Systems, 2005 (15): 1-40.

相对 Osterwalder 等（2005）所提出的商务模式转型过程模型，Reuver 等（2013）的模型中接纳了其中计划、改变和执行的思想，并进一步从任务类型的视角，将在位企业从一个模式转型到另一个模式分为两个不同的层次任务，即分析判断层次任务和执行层次任务。在分析判断层次，与 Samavi 等（2009）相似，引入了商务模式要素以分析当前商务模式和未来商务模式之间的差异，进而确定需要改变的要素；执行层次任务主要涉及商务模式转型的操作执行方面，即确定商务模式转型所需要执行的具体活动及其执行方式。

三、商务模式转型过程步骤与管理

在商务模式转型流程的概念模型建立起来之后，企业需要确定相关可操作性的步骤以执行商务模式转型。基于系统理论和系统动态性（Petrovic 等，2001）、场景理论（Pateli 和 Giaglis，2005），采用案例分析（Auer 和 Follack，2002）和行业分析的方法（Pramataris 等，2001），相关学者提出了商务模式转型过程中的步骤。通过对相关学者关于商务模式转型步骤观点的整理、分析、归纳，本研究发现，这些步骤提出的理论视角不同、数目不同，但是这些观点可以归纳为三个阶段，即理解分析已有商务模式、确定商务模式转型的可行性、建立新商务模式。

1. 理解分析已有商务模式阶段

Pateli 和 Giaglis（2005）、Auer 和 Follack（2002）、Samavi 等（2009）、Petrovic 等（2001）提出商务模式转型首先要理解分析已有商务模式。在此基础上，Auer 和 Follack（2002）进一步提出了理解分析已有商务模式包括的子步骤：第一步，从不同的视角辨识商务模式；第二步，辨识商务模式的关键要素；第三步，核心加强和平衡反馈循环；第四步，将商务模式延伸到全网络中。Samavi 等（2009）则更进一步指出分析已有商务模式的具体内容，如新竞争者、新技术、政府制定的新法规和规则，以通过对环境变化的评估来确定企业是否需要转型。Pramataris 等（2001）则提出了分析已有商务模式更为详细的子步骤：第一步，检验市场中当前主要参与者的关系；第二步，定义每一个参与者的当前企业目标；第三步，辨识市场中的当前价值流；第四步，辨识市场中的主要竞争驱动者；第五步，形成当前的商务模式；第六步，将创新技术的框架嵌入当前商务模式。

2. 确定商务模式转型的可行性阶段

Petrovic 等（2001）认为这一阶段主要是认识和解释转型情形的可能性、认识前进的潜力。Pramataris 等（2001）从技术能力的视角，提出了该阶段所包括的子步骤：确定现有关键参与者的技术能力发展的需求、通过服务提供者执行调节功能。Pateli 和 Giaglis（2005）从技术创新的视角分析其对当前商务模式的影响，认为这一阶段包括的子步骤为：评估技术创新的影响、辨识当前企业完成新业务功能所缺少的胜任力。Auer 和 Follack（2002）从互联网技术的视角分析其对当前商务模式的影响，认为这一阶段包括的子步骤为：辨识互联网对商务模式的影响、辨识和解释变化的可能性。

3. 建立新商务模式阶段

Petrovic 等（2001）、Auer 和 Follack（2002）提出该阶段的步骤是发展一个执行计划来确保新商务模式的建立。而 Pramataris 等（2001）提出该阶段的步骤是在市场中发展一个新的合作主题以开发新服务提供者、形成目标商务模式。Pateli 和 Giaglis（2005）认为该阶段的步骤是通过设计价值网络的转型使得新商务模式变成现实。Samavi 等（2009）注意到新商务模式形成过程的迭代情况，提出该阶段的步骤是重新评估商务模式及其市场绩效，经过多次反复，实现企业的商务模式转型。

第五节　商务模式转型与企业绩效的关系

商务模式转型完成之后，是否能够为企业带来良好的绩效？与在位企业原有的商务模式相比，新建立的商务模式能否产生更好的绩效？针对这些问题，本研究对相关的文献进行了归纳、整理，具体如下文所述。

针对不同类型商务模式的绩效是否存在差异，相关学者的研究结论存在较大的差异。采用相同的方法——聚类分析，Camisón 和 López（2010）与 Morris 等（2013）得出了相反的结论。Camisón 和 López（2010）认为不同类型商务模式的绩效不存在差异，而 Morris 等（2013）的结论则认为不同类型商务模式的绩效存在差异。采用线性回归的方法，Malone 等（2006）得出的结论介于 Camisón 和 López（2010）与 Morris 等（2013）的结论之间。Malone 等（2006）得出的结论表明，在某些绩效指标上，一些类型的商务模式确实比其他类型商务模式的绩效更好，但不是在所有绩效指标上。Linder 和 Cantrell（2000）进一步提出，企业从一种类型的商务模式转换到另一种类型的商务模式，并不能必然提高企业的利润。

商务模式转型过程中，企业需要从已有商务模式转换到新商务模式。基于第一章中对商务模式转型的概念界定，新商务模式从类型上讲，可以是企业通过创新而形成的、前所未有的商务模式，可以是对其他企业商务模式的简单模仿而形成的模式，也可以是对已有商务模式的二次创新而形成的新商务模式。因此，来自简单复制的商务模式与来自创新的商务模式在绩效方面是否存在差异，与商务模式转型之后企业的绩效存在较为密切的关系。Aspara 等（2010）针对商务模式转型中新商务模式是来自复制已有的商务模式，还是创新所得的新商务模式而进行了研究，他们的研究结论表明，创新得到的新商务模式和复制已有的商务模式对企业的财务绩效存在不同的影响。

基于以上文献的回顾，可以发现关于商务模式转型与企业绩效关系的研究还处于初步探索时期，已有的相关研究结论相差较大，甚至相反，因而对该问题的进一步探索是相关学者面临的重要任务。

第六节　对已有商务模式转型研究的评价

通过对商务模式转型相关研究文献的梳理，本研究发现，当前研究状况既有进展又有不足。

当前商务模式研究已经取得了一些进展。具体表现为：对商务模式的研究已经从对商务模式的静态研究发展到对商务模式的动态研究；商务模式的研究方法已经从定性研究发展到定量研究，并开发出一些可借鉴的商务模式量表；商务模式构成要素对商务模式理论的发展起着重要作用，不仅关系到商务模式的定义、商务模式类型的划分，还关系到商务模式转型的路径。

相关研究已经开始探讨商务模式转型及其影响因素，并有待进一步深入。

1. 对商务模式转型影响因素的研究处于浅尝辄止的阶段

在本研究所搜集的相关文献中，涉及商务模式转型影响因素的文献数量有限，并且多是散布在相关商务模式研究学术论文中，相对缺乏专门针对商务模式转型影响因素方面的研究。例如，Aspara等（2011，2013）以商务模式转型为研究主题，主要是从企业家认知的视角，详细地研究企业家认知对商务模式转型的影响，但是，其研究仅仅以诺基亚1990~1996年的商务模式转型为案例。因此，商务模式转型影响因素方面的研究有待进一步深入。

2. 围绕商务模式转型过程模型构建的研究仍存在很大的争议

从不同的视角出发，基于不同的行业背景，Osterwalder等（2005）、Samavi等（2009）提出不同的商务模式转型过程模型。Chesbrough（2010）认识到，对于在位企业而言，寻找新的商务模式意味着已有商务模式和新商务模式之间的共存，选择什么时机从当前商务模式转型到新商务模式将是巧妙的平衡行为，但是相关学者并未开展进一步研究。

3. 现有研究成果缺乏坚实的理论基础

Zott等（2011）通过对顶级管理学术杂志在1975~2009年文献的搜索，仅仅发现十篇关于商务模式的学术文章，这种理论严重滞后于实践的状况令人震惊。商务模式转型改变了在位企业持续获取和重构资源的方式（Dierickx和Cool，1989），并且随着时间的增长，这种转型将在位企业同竞争对手区别开来。但是，目前较少有学术研究提出这个整体的理论思想（Priem等，2013）。在很大程度上，理论基础的缺乏正是导致不能达成共识、学术研究滞后的基本因素。

4. 现实经营环境的变化要求商务模式转型研究继续深入

尽管现有的研究取得了一些进展，但是，在当前日益动态的环境条件下，这些已有研究的有效性受到了很大挑战。

现有的研究过于集中于制造商方面的资源基础观（RBV），可能错失来自消费者或需求方的新知识创造的机会（Priem 等，2013）。当前企业面临的经营环境对商务模式转型的视野提出了更高要求，具体表现在以下两个方面：第一，行业边界变得日益模糊（毛蕴诗和蓝定，2006），从而使得在位企业不仅需要应对本行业内新出现的商务模式的挑战，更需要面对跨行业的商务模式的挑战。第二，大众消费者个性定制（或量身定做）的兴起及其产生的大量数据对现有的以规模经济为主导思想的在位企业商务模式提出了严峻的挑战，使得在位企业亟待进行商务模式转型。

基于上述对国内外研究现状的回顾及评述，本研究发现，在相关商务模式转型理论研究文献中，经验性研究较理论性研究更多一些，理论性研究相对较少一些（Zott 等；2011）。现实世界中，环境的日益动态性促进具有颠覆性的商务模式的出现，给在位企业已有的商务模式带来了极大的危机，在位企业亟待进行商务模式转型。而现有的研究中缺乏全面、深入的针对在位企业商务模式转型的影响因素、商务模式转型类型的选择以及商务模式转型机制的研究。

因此，理论界需要对商务模式转型开展深入研究，为商务模式实践提供理论依据，并为解决企业商务模式的实际问题提供建议。因此，本书以商务模式转型为研究对象，开展深入研究，并建立商务模式转型影响因素模型。本章的研究为下文的相关研究奠定了文献基础。

第三章 商务模式转型理论模型构建

基于前文对现实背景及理论背景的陈述，结合相关文献，本研究发现商务模式转型是一个具有价值但尚未深入研究的领域。深入研究这一领域，将有利于丰富商务模式理论。在对商务模式转型影响因素进行研究时，相关研究通常从某个角度对某个因素进行探讨，相对缺乏系统、全面的研究。深入探讨商务模式转型，可能需要全方位地研究影响商务模式转型的因素。因此，本章通过采用案例研究法，应用扎根理论的编码技术，探讨影响商务模式转型的因素、商务模式转型与企业绩效之间的关系。经过研究设计、数据收集、数据分析、与现有文献的对比等阶段，结合多案例分析，本章得出初步研究结果，构建了商务模式转型影响因素模型，并分析了商务模式转型与企业绩效之间的关系。

第一节 研究方法的选择

在商务模式领域的研究中，当前主流的研究方法之一是案例研究方法。由于商务模式领域研究中相关基本理论不够成熟，案例研究方法有助于建立新的理论框架。同时，相关社会科学家认为，实验方法对变化机制的操控以及测量方法的使用仍然是最好的，并且，或许只有实验方法才能真正洞察因果关系（威廉·D.贝里，2011）。但是，在研究企业实践时，采用实验方法需要花费大量的时间和成本（威廉·D.贝里，2011），这是一般学者难以承受的。而准实验（Quasi-Experiment）的研究方法在商务模式领域中的应用，理论上可以得到好的结果，但设计者可能难以设计合适的模拟情景（威廉·D.贝里，2011）。因此，本章运用案例研究的方法来探讨商务模式转型的影响因素。

一、研究方法的选择

Yin（2003）认为案例研究方法是使用多种资料来源调查当前现实世界背景现象的一种实证研究方法，适合研究"如何改变的"（how）或"为什么变成这样"（why）等问题。一般而言，相较于其他研究方法，案例研究方法能够对案例进行翔实的描述与系统的解释，而且对动态的互动历程与所处的情境脉络亦会加以掌握，从而可以获得一个较全面与整体的观点（Gummesson，1999）。根据研究中运用案例数量的不同，案例研究方法可以分为单一案例研究方法和多案例研究方法（Eisenhardt，1989；Meredith，1998）。Eisenhardt（1989）认为，当探索研究的现象中暗含动态性时，利用多案例研究方法构建理论是有效的。

本研究的目的是在明确商务模式转型内涵的基础上，探讨商务模式转型的影响因素。本研究通过对相关文献的回顾发现，相关学者大多从个人的经验层次或在研究其他问题时探讨商务模式转型的问题（Aspara等，2011，2013）。当前商务模式转型研究处于探索阶段，大规模的实证研究相对缺乏（Aspara等，2011，2013）。在研究商务模式相关问题时，一些相关学者采用了多案例研究方法。例如，邢小强等（2011）采用多案例研究方法，研究金字塔底层市场企业商务（业）模式的关键构成维度。基于以上分析及商务模式领域相关文献所采用的研究方法，结合本研究的研究问题，笔者认为本研究适合采取多案例研究方法。

二、研究流程

本研究通过访谈获得一手资料，并通过其他途径获得二手资料。经过对记录的转换、收集和整理，本研究获得了所需要的资料，这些资料大多数是文字描述性的。Strauss（1987）、苏敬勤和崔淼（2011）均认为扎根理论是案例研究中构建理论的重要方法。因此，本研究借助扎根理论在案例研究中构建理论。借鉴Pandit（1996）的研究步骤（见图3-1），本章案例研究主要分为五个阶段：第一阶段是研究设计阶段，主要包括研究问题的界定、案例的选择；第二阶段是数据的收集阶段；第三阶段是数据的排序阶段；第四阶段是数据的分析阶段；第五阶段是将研究获得的结论与现有文献进行对比。

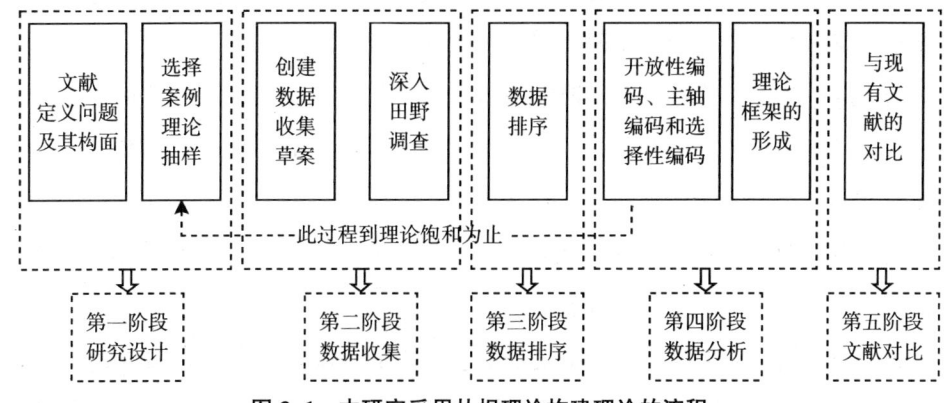

图 3-1　本研究采用扎根理论构建理论的流程

资料来源：Pandit N.R.. The Creation of Theory: A Recent Application of the Grounded Theory Method [J]. The Qulitative Report, 1996, 2 (4): 1-14.

第二节　案例研究设计

根据图 3-1，本研究的研究设计主要包括文献梳理和案例选择：通过文献梳理明确研究的问题；根据研究的问题进行案例选择，但是这种选择是理论抽样，而不是随机的。

一、研究问题

在第一章对商务模式转型进行定义的基础上，基于对商务模式转型相关研究的回顾，本研究的问题主要集中在以下方面：辨识商务模式转型的影响因素，探讨商务模式转型与企业绩效之间的关系。

二、理论抽样与分析单元

本研究从企业的视角研究业务层商务模式。本研究主要分析商务模式转型的前因、后果、涉及时间跨度，目的是构建商务模式转型影响因素理论模型。本研究案例的选择采取理论抽样（Eisenhardt，1989），即根据理论而非统计概率来选择案例，案例选择与研究对象和研究问题有关，主要确定什么样的属性能为案例带来有意义的数据。为此，本研究确定了选择案例的四个标准：

（1）商务模式的价值，不仅取决于本身的价值，而且还取决于行业内其他竞争者采取的商务模式。因此，为了保证案例的有效性，本研究选择的案例企业中需要有在同一个行业内的企业。

（2）为了保证案例研究的代表性，选取的案例企业具有一定的行业分散度，涵盖了医药、服装、光学等不同行业。

（3）商务模式转型是与时间有关的概念，因此，本研究所选择的企业从成立至2011年7月止，其存在的年限在十年（含十年）以上，同时基于商务模式转型的概念进行判断，则企业至少进行过一次商务模式转型。

（4）为了开展多重验证，选取的案例企业既包括商务模式转型成功的例子，又包括商务模式转型失败的例子。因此，本研究兼顾了成功转型和不成功转型两个方面。

商务模式选择的决策者是企业最高决策人（董事长、CEO和高管团队），因此，本研究需要考虑访谈对象的可获得性。由于笔者社会关系有限，可获得并愿意合作的案例企业非常有限。笔者通过学缘关系，获得9家企业的高管访谈机会。2011年7月至2011年11月，研究者在广东、福建等地进行了相关访谈。

关于多案例研究中所选择案例的数量，Eisenhardt（1989）认为选择4~8个案例最为合适。Yin（2003）认为研究者开展多案例研究时，选择案例的数量以6~10个最为合适。邢小强等（2011）对金字塔底层市场的商务（业）模式进行研究时，选择了6个案例进行多案例分析。根据本研究的研究问题，结合以上案例选择的标准和可获得案例数据的机会，本研究选择9家企业中的5家企业作为案例研究对象。

三、数据收集

根据Yin（2003）的建议，本研究在案例资料收集的过程中遵循了以下法则：

(1) 采用多种来源收集资料以强化建构效度。为了确保资料之间的相互印证，案例研究的数据来源通常要求多元化。由于商务模式转型涉及企业的方方面面，公司高管以外的人员很难说得清楚，同时商务模式转型涉及时间因素，由于任期的限制，有时高管也很难完全经历整个过程。鉴于此，本研究中相关案例的一手数据资料收集主要通过对企业创始人（其中一个是董事会秘书）的访谈（每次的访谈时间大约1~1.5小时，具体访谈提纲详见附录1）而获得，并在征得被访谈人同意的情况下，用录音笔进行录音。在二手资料方面，主要通过企业网站、高管接受媒体采访和业界新闻等公开信息源，对企业的二手资料进行收集和整理，还通过万方、CNKI等数据库来收集案例企业的相关文献。此外，当遇到问题和需要补充信息时，笔者通过电话、邮件等方式与被访谈者进行沟通，以方便对相关信息进行确认或补充。本研究所选择的5家案例企业的资料来源情况如表3-1所示。为了保护企业的商业信息，企业的名称用英文字母和行业代替。

表 3-1 案例企业资料来源

企业	访谈对象	媒体资料	文献资料	现场观察
A公司（零售生活馆）	公司创始人、董事长兼CEO	公司网站、新闻报告、论坛、微博	某大学硕博论文库	有
B公司（医药零售）	公司董事会秘书	公司网站、新闻报告、论坛	通过CNKI数据库收集文献	有
C公司（服装零售）	公司创始人兼董事长	公司网站、新闻报告、论坛	无	有
D公司（服装零售）	公司创始人、董事长兼CEO	公司网站、新闻报告、论坛	无	有
E公司（光学电子）	公司创始人、董事长兼CEO	公司网站、新闻报告、论坛等	通过万方数据库收集文献	有

资料来源：本研究整理。

(2) 建立案例研究数据库。为了方便数据的分析和整理，笔者将调研时的访谈录音、调研笔记、所整理的相关材料，以及通过其他途径收集的二手资料整理成案例研究资料库。由于受访企业要求保密，本研究由笔者本人进行资料的收集、整理。本研究所选择的案例企业之中，有些是笔者本人开展本研究之前已经非常熟悉的企业，有些是朋友介绍的企业。因此，在访谈之前，笔者从所有可获得信息的途径中获取所选择案例企业的基本信息，以便实地调研访谈中能够更好地进行沟通。在调研访谈时，在征得被访谈者同意的情况下，用录音笔做录音，并在访谈结束后的24小时内对录音资料进行整理归档，以期能够更为详尽地获取访谈全过程的信息。此外，在对相关访谈信息、资料和文献进行整理时，如遇到相关信息的缺失，笔者通过电话和电子邮件等方式再次联系被访谈者以进行补充。

四、数据的排序

由于商务模式转型是与时间相关的概念，所以本研究在收集一手资料和二手资料的基础上，根据事情发生的先后次序，将资料按照时间发展的先后顺序进行排列。通过数据的排序，为以后相关的数据分析奠定了基础。

第三节　案例简介

本研究所选择的5家企业截至2011年的情况如表3-2所示。

表3-2　案例企业基本情况

案例企业基本情况	A公司（零售生活馆）	B公司（医药零售）	C公司（服装零售）	D公司（服装零售）	E公司（光学电子）
成立时间	2002年	1992年	1993年	1999年	1997年
当前所在行业的竞争程度	高度	较低	高度	高度	较低
2010年销售收入（人民币）	3000万元	30亿元	9000万元	1000万元	25亿元
2011年主营产品	图书、创意产品、原创设计类艺术品	各种OTC药品及保健药品	女士快速时尚服饰	男士、女士快速时尚服饰	传统光学产品、数码光学产品
主要市场	国内市场	区域市场	国内市场	国内市场	国外市场为主，兼有国内市场

资料来源：本研究整理。

一、A 公司（零售生活馆）

企业成立于 2002 年，成立之初以经营图书为主。目前，企业是以原创生活百货为主导的民营企业，拥有线下和线上两种渠道，产品涉及图书、音像、油画等文化类产品，生活类产品，原创设计类产品。其原创设计类产品拥有近 70 个独家代理权，其中一半以上来自中国大陆以外国家或地区的品牌。公司与多家企业建立了长期稳定的客户关系。实体店布置独具一格，个体客户群体非常稳定。

二、B 公司（医药零售）

企业成立于 1992 年，成立之初为国有医药零售企业；之后，公司调整经营机制，改制为民营企业，建立了现代企业制度。从此，企业走上了快速发展之路。目前，企业在区域范围内拥有的子公司共有 20 多家，建立了完善的医药零售批发网络，公司以渠道网络为基础，进入医药的生产、经营、物流领域，进行产业链上游、下游的扩展延伸，形成了中药保健品等产品的生产、销售一体化，并创立了自有的医药品牌。2010 年，公司的销售额为 30 亿元人民币。当前，该公司是区域性的医药零售龙头企业，具有较大的品牌效应。

三、C 公司（服装零售）

企业成立于 1993 年，期间经历代理、自建品牌、购买国外品牌使用权等阶段。目前，企业采用购买国外时尚品牌使用权，并进行本土化的修正，将自建的标志逐步放大，以期通过曲线的方式建立中国本土的女装"快时尚"品牌。企业成立至今，开创了中国服装行业多种新型模式。目前，企业拥有近 200 家服装连锁店。企业主要经营业务为围绕白领女性的日常生活提供所需要的服饰。企业通过在国外成立设计中心以控制服装设计的关键环节，整合国内库存资源进行服装的外包加工，以直营及与商场合作的模式，实现通过对销售终端的控制把握消费者的需求，为消费者提供更好的购物体验。

四、D 公司（服装零售）

企业成立于 1999 年，期间经历两次自有品牌发展的阶段。目前，企业拥有服装制造厂房，在一线城市、部分二线城市主要通过直营的方式建立了 10 家连锁店。企业产品定位为"快时尚"产品，其产品涉及男女时装、皮具、鞋、内衣及饰品等，为消费者提供可轻松拥有的、高品质的时尚产品。企业通过业务流程模块化，并将不同模块之间进行紧密衔接，保证企业实现每周两次更新货品的高难度运作。企业凭借独特的店面风格和为消费者带来的全新购物体验，在竞争激烈的服装市场上占有一席之地。

五、E 公司（光学电子）

企业成立于 1997 年。成立之初，企业主要从事光学电子产品的出口贸易。之后，通过收购和自建的方式进入光学电子产品及相关产品的生产制造领域，先后购并了 3 家国内企业和 1 家德国知名光学企业。因此，企业拥有较强的生产能力，在行业内拥有较高的品牌知名度。目前，企业主营产品为其所在行业的出口"隐形冠军"，拥有多项专利发明。企业的客户群体遍布美国、欧洲、日本、韩国和国内大型企业。企业实现了光学产品的生产、销售一体化，并且为顾客提供定制化产品，与顾客关系密切，深得国内外客户的信赖。

第四节　数据分析

一、数据分析技术

案例数据分析是本研究的重点之一。Glaser 和 Strauss（1967）、Strauss 和 Corbin（1998）、Strauss（1987）认为在采用案例研究方法构建理论时，可以使用扎根理论归纳理论产生的最终形式，寻求产生理论陈述和基于实证证据的理论。

苏敬勤和崔淼（2011）认为扎根理论是一种理论构建型案例分析的重要分析思路，可以通过采用不间断比较法（Method of Continuous Comparison）进行不间断的比较，以便提出全新的概念。邢小强等（2011）采用开放性与轴心两类编码对相关案例资料进行整理和分析，并进一步提炼、归纳，得出金字塔底层商务（业）模式的关键构成维度。

基于以上分析，结合本研究的研究问题和所收集到的数据，本研究采用扎根理论的编码技术——开放性编码、主轴编码和选择性编码进行数据的分析，进而对案例企业商务模式的发展历程进行回顾，确定商务模式是否转型、经过几次转型，从中辨识影响商务模式转型的因素。

二、开放性编码

根据相关学者对案例研究中数据分析技术的观点（苏敬勤和崔淼，2011），本研究首先采取开放性编码，其次采用主轴编码，最后采用选择性编码。

开放性编码要求研究者保持开放的心态，在编码时应该紧贴数据，以期达到数据与编码之间较高的契合度（Strauss 和 Corbin，2011）。由于不同研究者的背景、知识结构、年龄存在差异，对同样的数据，编码的结果可能存在差异。为此，相关的学者为了使编码更切合实际数据，安排多个研究成员进行开放性编码。例如，在邢小强等（2011）的研究中，开放性编码是由课题组 5 名成员完成的。但是，陈向明（2000）认为研究中的伦理道德问题主要包括自愿原则、保密原则、公正合理原则、公平回报原则等。在本研究的访谈中，大多数受访者希望研究者对他们的谈话严格保密，数据可以用以研究分析之用，但研究成果中最好不要出现公司的名称。考虑到企业的商务模式涉及企业商业信息保密问题以及研究中的伦理道德问题，因此，本研究数据的收集、整理、编码均由笔者本人完成。

Strauss 和 Corbin（2001）认为开放性编码是通过既定资料发现概念、确定概念的属性和概念的维度的过程。本研究在进行概念化时，遵循了他们的观点，并对所获得资料进行逐字、逐行的编码。通过编码、分析、合并，本研究获得了 316 个与研究主题相关的节点。

本研究通过对资料的"分解"、"揉碎"、"重组"来发掘其中的概念，并将概念进一步聚敛成范畴、界定范畴的性质及性质的属性（王世权和牛建波，2009）。本研究总结了22个范畴，分别是：高管团队的专业背景、高管团队的受教育程度、高管团队的职能背景、高管团队的流动性、核心决策人的职能背景、核心决策人的社会资本、核心决策人的受教育程度、行业增长潜力、行业竞争状况、政府干预、成功企业模式的示范、顾客需求的改变、行业技术更新、企业面临的危机、新旧模式的关系、顾客群体的转变、提供物的转变、价值支撑的转变、价值保持、商务模式转型时机、企业绩效、资源的稀缺性。

1. 高管团队的专业背景

在谈及商务模式转型影响因素时，企业家均提到高管团队成员专业知识的重要性。他们认为，在中国改革开放之初，胆大的"草根"企业家凭借一腔热血、一己之力而获得企业经营的成功是一件难度不大的事情；但在1997年以后，尤其是加入世界贸易组织以后，随着中国企业所处的环境日益复杂和动态化，商务模式不断推陈出新，单靠企业家个人做出决策，风险较大。因此，当面临商务模式转型这样复杂的决策时，企业需要考虑诸多方面，一个环节出问题，其他努力均将付诸东流。在这样的情况下，企业需要综合发挥各个团队成员的专业知识。

"我是金融出身，另一个是营销出身，还有一个是艺术设计出身……"（1-01-1）

"我们老总之前是学化学的，我们集团还有一个是××大学的财务学教师，主修财务的，还有就是营销方面的专家……"（2-2-8）

2. 高管团队的受教育程度

在访谈中，受访者频频提到学习能力的重要性。有位受访者表示，他曾经认为"英雄不问出处"，但是经过多年的历练，他认为"受教育程度不仅仅只是一纸文凭，更多的是一种学习能力"，并进一步认为"来自名校、高学历者，其能力更强"，他现在更倾向于选择来自名校、高学历者作为管理团队成员。大多数受访者表示鼓励企业高管团队成员去攻读MBA和EMBA。甚至有位受访者（企业创始人和实际控制人）还亲自为高管团队成员攻读EMBA选择合适的学校，以提高整个团队的学历水平。

"经营班子7个人中，3个受过EMBA教育，2个受过MBA教育……"（2-

4-4)

"集团主要决策层均毕业于名牌大学，拥有本科以上学历，还受过 EMBA 教育……"（5-13-2）

3. 高管团队的职能背景

过去的工作经历，对现有的工作和学习有很大的影响。在访谈中，受访者大多数表示非常注重团队成员过去的工作经历。

"董事会的成员在进入企业之前，有的在政府部门、高校和零售行业等工作……"（2-4-5）

"集团的决策层领导者主要是原来国有企业的管理阶层、光学相关领域的技术专家……"（5-13-1）

4. 高管团队的流动性

受访者在谈到商务模式转型的影响因素时，均提到团队成员的增加、减少是其中重要的因素。原有团队经过长期的发展，大家相互影响、磨合，思维模式逐渐一致，这样的结果是团队容易达成一致意见，但是对变革产生抵触或不敏感。一种新商务模式的认识和接受需要与之匹配的成员心智模式，而人的心智模式是难以在短时间内完全改变的（Petrovic 等，2001）。新成员（来自内部或外部）的加入，会引入新的思维和新鲜的血液，从而使得团队对外部的变化更为敏感，进而影响商务模式转型。

"由于原有的团队都没有开展电子商务的经验，因此，要进入电子商务模式，就必须引入新的、电子商务方面的人员（技术、经营方面）作为团队成员，我们在 2010 年开始组建新的网站团队，并进行相关关系的梳理……"（1-01-13）

"企业一开始是我和我妹妹一起做的，一起打拼，度过了企业的初期艰难阶段。企业做大以后，半死不活，无法进一步发展，在这种情况下，我和妹妹两个人已经不能应付了。而外部引来的管理人员，比较介意这种血缘关系对公司管理的影响。为了更好地引进高级管理人员作为高管团队成员，妹妹离开公司，做自己喜欢的事了，但仍然拥有公司的一些股份……"（4-1-8）

"为了进入新的模式，引入了新的职业经理人，从此我就只担任董事长……"（3-16-15）

5. 核心决策人的职能背景

在创业前，多数受访者在其他单位或企业从事过相关岗位，如金融工作、技术工作、管理工作等，这些相关的工作对核心决策人的工作具有较大的影响，从事时间越久、距今时间越近，影响越大。

"由于工作的关系，我经常和老板在一起，由于老板是香港人，不常在本地，加上老板信任我，让我做总经理，从中我学习了一些经营之道，这段经历对我以后的发展产生了很大的影响……"（3-0-2）

"从××理工大学毕业后，我就在××军工企业工作，开始从事技术研发工作……逐步走向领导岗位，从事管理工作让我的视野开阔了许多，与国外光学企业的接触，更使我大开眼界……企业创立之初，面对很多的市场和管理问题，我都可以应对……"（5-5-12）

6. 核心决策人的社会资本

在谈及商务模式转型的影响因素时，大多数受访者表示，现有的企业大多数是核心决策人主导企业的经营决策，核心决策人对商务模式的转型影响非常大。核心决策人先前的相关行业职能背景、各种行业协会等，一方面会影响企业商务模式转型的可能方向；另一方面会影响商务模式转型的可行性，即相关资源的获取（Doz 和 Kosonen，2010）。

"我创业之前在银行工作，客户都捧着我。我创业以后，这些客户的关系仍有维系，这些为企业的进一步发展带来了资源（例如，我们最初也没有想到图书还有这样的经营模式，还是原有的客户朋友介绍他们企业这些方面的需求，我们才思考这是一个可以做的而尚未满足的市场，可以采用这样的模式来经营图书）。"（1-02-8）

"我下海之后，经过朋友介绍，去一家港资服装企业工作……这段经历使我积累了很多服装方面的经验和服装行业内的人脉资源，对我自己创业奠定了较好的基础……商海中几经沉浮，我发现我还是在服装经营方面有天赋，在其他方面就没有那么强了（在其他方面开拓新模式有失败的教训），所以这辈子注定不断为人们的穿衣服务了（大笑）。"（3-0-3）

7. 核心决策人的受教育程度

随着知识和各项技术的日新月异，人们需要学习的新知识和新技术越来越多。受访者均提到学习的重要性，大多数受访者接受过 EMBA 或 MBA 教育，并且不断寻找新的学习机会，掌握新的知识前沿，以便在危机中发现新的生存之道和在顺境中保持创新的动力。

"虽然从 2009 年开始考虑电子商务，但是当时国内电子商务也处于平台期，而我们所选的电子商务产品及类型，国内还没用可供参考的案例。因此，我选择 2009 年去英国一年，再次读硕士学位，读的是创新管理，其实也是电子商务这一块内容（之前，已经获得国内某大学的 EMBA 学位）。"（1-03-12）

"我们集团内具有技术背景的人员较多，而具有经济管理背景的人员较少，这样的知识结构不利于企业进入新领域之后的管理沟通，所以我决定进入×××大学接受 EMBA 教育。"（5-03-13）

8. 行业增长潜力

基于波特《竞争战略》中关于行业结构的观点，企业所选择行业的增长潜力的大小，在很大程度上决定了企业的发展空间。受访者表示企业原来所选择行业的增长潜力是影响商务模式转型决策的重要因素。如果在企业现有的行业（子行业），企业利用已有的商务模式已经发展到极致（在行业内达到行业或子行业第一，或获得世界领先市场地位，或企业利用现有的资源只能做到这样的状况），无法进一步发展时，通常企业会考虑将新的商务模式纳入企业，与已有的商务模式并存，形成相互的协同效应。

"集团当前所涉足的行业已经到了行业成熟期，增长空间小，即使企业拥有一流的资源和技术也很难获得较大的发展，很难维持当前的增长速度……"（5-04-08）

"目前我国中药饮片市场规模很大，加上现代人对西药副作用大、中药副作用小的认识，该领域有较大的发展前景……"（2-4-24）

9. 行业竞争状况

波特在《竞争战略》中提出的五力模型中的其中一种力量——行业竞争程度，是企业选择行业时需要重点考虑的因素之一。受访者表示，行业竞争越激烈，企业越倾向于考虑引入新的商务模式，以规避企业的经营风险。同时，受访者表明，企业所选择行业的竞争状况是他们进行商务模式转型时需要重点考虑的影响因素之一。

"国外的很多服装企业进入中国，加上中国消费者'崇洋媚外'的心理，这就使得我们服装企业之间的竞争很激烈，单纯的依靠服装制造和设计，很难获得很好的生存。我就想在制造和设计的基础上，加入零售环节，一方面我们可以更贴近消费者，另一方面这样做可以获得更多的增加价值。"（4-04-17）

"医药流通市场上竞争激烈，而且制造与商业流通并举的模式较为普遍。"（2-4-22）

10. 政府干预

制度环境作为影响商务模式转型的一个因素，得到了相关学者的关注（Fleury 和 Fleury，2014；Linder 和 Cantrell，2000）。受访者在访谈中均表示，政府对企业所在行业或即将进入行业的干预程度仍然是企业在进行商务模式转型时需要重点考虑的因素之一。政府干预主要包括较大幅度的支持政策（如新能源、电子商务的支持政策）、大幅度的不利政策（如环保标准的提高、行业进入门槛的提高）和较大的行业政策变动（如出口退税政策的变化、医疗改革政策）。

"如果不在当地注册，就意味着不会给当地缴纳税收，企业的发展必然会遇到来自当地的层层阻力。"（2-3-24）

"这种为抓住医改机遇而进行的尝试，最终因为国家进行医改的复杂性和高成本而难以推进。"（2-3-15）

11. 成功企业模式的示范

受访者在谈及商务模式转型影响因素时，提到了其他企业成功的商务模式。这些成功的商务模式可能是同行业企业的商务模式，也可能是其他行业企业的商务模式。

"在这一过程中（曾经与 Zara 洽谈合作事宜，但未成功），我们了解了 Zara 的模式，从中积累了很多经验，为我们形成新的理念奠定了基础。"（3-04-05）

"我们仔细研究'真功夫'的成功模式，觉得其模式中的重要部分——快销供应链，可以借鉴，以探索符合中国市场状况的快时尚服装企业新模式。"（4-2-4）

12. 顾客需求的改变

受访者均表示及时捕捉顾客的新型需求对企业意义重大；同时认为要抓住顾客的新需求，在已有模式不适应新形势的情况下，需要建立并及时转向新商务模式，以更好地满足顾客的需求。

"这还是原有的客户朋友介绍他们企业这些方面的需求，我们才思考这是一个可以做的而尚未满足的市场，可以采用这样的模式来经营图书。"（1-02-09）

"因为消费者现在越来越喜欢个性化的东西，而不是标准产品，并愿意为此多付成本，所以我们的这些产品不用薄利多销。因此，我们决定针对消费者的个性化市场，选择只做独家限量的东西，并建立相关的设计团队，以建立起整套的模式。"（1-2-24）

13. 行业技术更新

当前，新技术层出不穷，一方面，新技术可能带来很多商机（如互联网技术）；另一方面，新技术的出现可能使企业当前的商务模式面临严重的威胁，甚至是摧毁性的近似完全替代（如数码技术的出现）（Aspara 等，2011；Fleury 和 Fleury，2014；Reuver 等，2009；Linder 和 Cantrell，2000；翁君奕，2004）。无论受访者对待新技术的主观态度如何，他们均将新技术的出现作为影响商务模式转型决策的重要因素之一。

"数码光电技术的出现，使得数码镜头的相关需求量越来越大，我们就决定在企业中发展充分利用这一技术的新模式，与原有的模式并存，一个成熟，一个发展潜力大，从而更好地保证企业实现稳健的增长。"（5-12-3）

14. 企业面临的危机

危机中孕育着新的发展机遇，并迫使人们采取积极的措施来改变当前的状况。多数受访者表示，企业面临的危机是影响企业商务模式转型的重要因素之一。

"原本我们做贸易，过得也很好，当时也没有考虑其他，但是由于企业的主要供应商提供的产品存在严重质量问题，导致我们的客户严重不满，进而影响我们当前的业绩和未来的发展。由于这次的事件，我们才开始重新审视我们的模式存在的问题，并寻找新的模式。"（5-2-11）

15. 新旧模式的关系

对新旧模式的安排，相关受访者表示，有时选择新旧模式并存，有时选择新旧模式之间的更替，即新的模式完全替代旧的模式，旧模式终止运行。

"在新的模式建立起来以后，原有品牌的生产运作等方面都停止了，原有的厂房、工人转到新模式下。"（4-7-18）

"（实体渠道和线上渠道并存）我们可以在实体店测试产品的市场反应，但无法将量提升，而线上渠道可以实现产品的规模销售。"（2-2-27）

16. 顾客群体的转变

受访者均表示，在商务模式转型过程中，企业需要对已有商务模式的要素进行改变与调整，以确保新模式的建立。而顾客作为商务模式中的重要组成部分（Osterwalder 等，2005），是商务模式转型过程中需要重点考虑的对象。

"（先前商务模式中）企业的目标群体——写字楼、专业人士"（1-1-3），之后，"（新的商务模式中）与地产公司开始合作品牌店、概念店，与一些会所合作配套，把我们的资源进行整合设计，做会所的整体配套。"（1-1-12）

"（先前模式中）我们主要服务休闲人群，为他们提供牛仔裤……"（4-1-1）"随着消费者需求的变化，我们（新商务模式中）将服务群体确定为中等阶层的都市时尚白领人士……"（4-3-7）"这部分人群的特征是喜欢追求时尚，同时要求与众不同。"（4-3-6）

17. 提供物的转变

作为商务模式的重要构成要素，"产品/服务组合"（Osterwalder 等，2005；Morris 等，2005，2006）被相关受访者多次提及。在商务模式转型时，企业需要对产品/服务组合进行改变与调整，以确保新模式的建立。

"（原来模式包括的产品/服务）我们经营的产品品种接近上万种，创意类的有几千种，主要是直接销售这些产品。"（1-1-8）"之后，（新模式中）我们在保留原有的产品/服务组合的同时，根据相关组织（主要是企业、会所）的要求，为它们提供相关的营销支持、整合设计，安排相关的系列活动，整个过程是一个配套服务。"（1-1-12）

18. 价值支撑的转变

新顾客的承诺，需要企业确定相关的流程来确保对顾客承诺的实现（翁君奕，2004；Hwang 和 Christensen，2008），否则企业对顾客的承诺就成为"空头支票"，无法实现。访谈中，相关受访者均表示，新的商务模式要求新的业务流程、资源、合作伙伴、收入来源等。

"（原来从事商业贸易，不参与生产制造）为了进入制造领域，企业开始选址建设厂房，购买相关生产设备，先后从国外引进了先进的加工设备，并进行相关员工的招聘。"(5-4-3)

"（转型前后企业所提供的具体产品服务发生了变化，但是同属服务类别）原有的产品线就停掉了，在建立新商务模式时，一方面，我们可以利用原有的供应商关系、厂房；另一方面，我们需要购买新的设备和新的技术，实现市场、产品设计与制造环节之间的相互衔接。"(4-5-7)

"（与转型前的业务流程完全不同）市场部门通过分析市场销售情况，确定顾客的需求，设计部门据此对相关产品进行二次改造，在非常短的时间内形成新设计产品，然后由生产部门进行生产，再由相关的物流公司及时送达销售网点。"(4-7-9)

19. 价值保持

新的商务模式建立起来后，其组成要素本身、要素之间的连接及整个系统存在着各种风险（Shi 和 Manning，2009）。企业需要积极地发现、应对各种风险，以保持商务模式的有效性和竞争性。在访谈中，受访者谈及商务模式的风险时，认识到商务模式风险的重要性及其对企业发展的危害。

"乍一看，大家都觉得这种方式很好，能够很好地满足顾客的需求，而且库存很少，但是仔细分析，'快速、少量、多款'对我们这种中小企业而言，销售量有限，非常容易陷入速度与成本难以平衡的两难境地……"(4-7-18)

"针对房地产这样一个资本密集型行业，我们没有太多的自有资金，所以通过借贷的方式获得资金，这样虽然暂时解决了问题，但是这种过度依赖金融资本的方式将带来很大的风险（在金融危机的情况下，银行银根紧缩，我们的资金链就断了）。"(3-2-11)

"一开始我们经营得很好，第一年就实现了盈利，但是令我们意想不到的事情发生了……看到我们成功，一些新的竞争对手进行模仿，而且是不遵守法律的竞争对手，他们在不经许可的情况下，对产品进行模仿，而价格比我们这种正版产品要便宜得多，而我们是无法和这些对手进行竞争的。"（1-5-9）

20. 商务模式转型时机

由于商务模式转型的实施需要具备一系列条件，企业需要等待合适的时机（翁君奕，2004）。各个企业所选择的决策时间也不尽相同。综合受访者的观点，有些发生在企业发展状况良好的时候，有些发生在企业陷入内外交困之时。

"还清所有的债务后，就剩下集团总部，子公司都转让了，于是我开始思考自己的失误，规划企业的未来……最终决定以新的方式来发展企业。"（3-3-5）

"企业采用当前的模式，在过去几年中保持了很高的增长速度（16%）……面对这样喜人的局面，我们不禁想未来几年能否保持这样的增长速度，如果不能，那么我们该怎么办？……最终我们决定将新的模式纳入企业，与现有的模式形成协同效应……实现保持增长的目标。"（5-8-1）

21. 企业绩效

受访者在访谈中，均提及企业成功与失败的经历。在企业实践中，企业经营成果差异较大。

"我们公司主要产品的出口获得了傲人的成绩，成为单项出口冠军，与客户建立了良好的关系，得到了客户的信赖，拥有丰富的销售渠道资源……"（5-7-1）

"经营的失败造成财务上严重的亏损，并危及业务正常运作，不得不把自己一手经营起来的品牌卖给他人，以获得现金……"（3-2-7）

22. 资源的稀缺性

有些受访者表示，当企业所需资源无法通过市场得到完全满足时，通常会促进企业更加积极地进行变革。

"近年来，（房地产市场的繁荣）城市中心 CBD 的租金上涨很多，而且资源越来越稀缺，而我们原有的客户群体又是在这些地方聚集的，（加上新劳动法实施，我们的劳动力成本增加，使我们横向扩张的难度很大），因此，我们不得不寻找可以支撑企业发展的其他途径。"（1-1-15）

"我们做国外贸易的，客户非常看重产品质量，而我们的供应商由于资金、管理等方面的欠缺，无法提供高质量的产品（先前由于产品质量问题给企业造成了很大的损失），虽然之后供应商也进行了改进，但仍有质量问题，而换供应商也很困难，这就造成高质量产品资源的难以获得，为此我们不得不尝试实现自己控制产品质量的方式……"（5-3-5）

表3-3 开放性编码形成的范畴及其属性

序号	属性	初始范畴	概念
1	高管团队的专业背景：异质性、相似性	高管团队的专业背景	知识构成多元化
			知识构成相近
2	高管团队的受教育程度：高、中、低	高管团队的受教育程度	最终学历
3	高管团队的职能背景：异质性、相似性	高管团队的职能背景	高管人员的先前经历
4	高管团队成员组成的变动程度：高、中、低	高管团队的流动性	新成员的加入
			职位的调整
5	核心决策人职能背景的丰富程度：专项技能经验（多、少）；是否有管理经验	核心决策人的职能背景	核心决策人的管理经验
			核心决策人的专项技能与经验
6	核心决策人拥有的社会资本：强、中、弱	核心决策人的社会资本	相关行业关系
			社会职务
7	核心决策人的受教育程度：高、中、低	核心决策人的受教育程度	核心决策人的受教育程度
8	行业增长潜力程度：大、一般、小	行业增长潜力	行业处于发展阶段
			行业处于成熟阶段
9	行业内竞争强度：强、弱	行业竞争状况	竞争激烈
			竞争不激烈
10	政府干预的程度：高、低	政府干预	政府产业政策的调整
			政府对企业的干预
11	借鉴成功模式：行业内、行业外	成功企业模式的示范	同行内标杆模式
			其他行业的标杆模式
12	顾客需求的性质：大规模、个性化定制	顾客需求的改变	顾客需求
13	行业技术更新的频率：快、慢	行业技术更新	替代技术的出现
14	危机的程度：大、小	企业面临的危机	意外事件与可预期的事件
			财务状况是否恶化
15	新旧模式的关系：新老更替、新老并存	新旧模式的关系	以新代旧
			新旧模式并存
16	新老顾客群体之间的转变程度：完全不同、相同、二者并存	顾客群体的转变	增加新的顾客群体
			保持原有的顾客群体
17	提供物的转变程度：新增产品（服务）/原有产品（服务）/新老并存	提供物的转变	零售产品
			提供定制服务

续表

序号	属性	初始范畴	概念
18	价值支撑转变的程度：完全重置/先前的资源部分共享/完全共享	价值支撑的转变	新基础设施的构建
			原有资源的转移与利用
			新资源的获取
19	价值保持的效果：有效、无效	价值保持	基础设施或资本的稀缺
			产品/服务以及顾客要素所包括的风险
			（基础设施与顾客、产品/服务）不兼容风险
			风险的控制
20	商务模式转型时机：前瞻型或危机型	商务模式转型时机	穷则思变
			居安思危
21	资源的稀缺程度：高、中、低	资源的稀缺性	选择资源的空间大小
			资源可获取性的高低
22	企业经营成果的性质：好、坏	企业绩效	投资回报率
			转型目标实现的程度

资料来源：本研究整理。

三、主轴编码

主轴编码的目的是为了将开放性编码中被分割的资料加以类聚，（Strauss 和 Corbin，2001），主轴编码的流程是：因果条件—现象—脉络—中介条件—行动/互动策略—结果。通过这一过程寻求一定的线索，建立主范畴与副范畴之间的关系（Strauss 和 Corbin，2001）。李志刚和李兴旺（2006）采用该主轴编码的流程以确定主范畴与副范畴之间的关系。

1. 核心类别的辨识

首先，本研究对开放性编码获得的范畴进行归类、整合，从中辨识核心类别。根据 Strauss 和 Corbin（2001）关于核心类别选取的原则——类别必须是核心的、出现的频率较高、合乎逻辑、命名足够抽象、整合过程反复迭代、核心类别适用性较强（适用于反例）、核心类型适用范围较广（适用于其他案例）。

本研究对上述 22 个范畴进行整合。专业背景、教育背景、职能背景等均表示相关人员的人口统计特征，高管团队的流动性属于高管团队的一个特征。因此，本研究将高管团队的专业背景、高管团队的受教育程度、高管团队的职能背景、高管团队的流动性等归为高管团队的特征。在访谈中，受访者均表示企业存在一个核心人物，且是企业的灵魂人物，本研究将其界定为核心决策人。企业核心决策人是指对企业的重大决策和经营成果负责的企业负责人，由于不同企业的经营决策机制不同，其具体职位也不太确定，主要是指董事长或总经理，或二者兼任。本研究将核心决策人的职能背景、核心决策人的社会资本、核心决策人的受教育程度归纳为核心决策人的特征。顾客需求的改变、行业技术更新、成功企业模式的示范等均是描述企业所处行业环境的变化，因此，本研究将它们归为环境的动态性这一核心类别。行业增长潜力、行业竞争状况、企业面临的危机、资源的稀缺性、政府干预等范畴均是对企业所处行业给企业带来威胁程度的描述，所以本研究将它们归为环境的不友好性这一核心类别。而将环境的动态性和环境的不友好性归为环境特征这一核心类别。顾客群体的转变、提供物的转变、价值支撑的转变、价值保持等与前文所述商务模式的构成要素或维度相关，并注重描述这些要素或维度的转变，与前文所述商务模式转型的概念相一致，因此，本研究将这些范畴归为商务模式转型。企业绩效和新旧模式的关系，均是描述企业经过转型而获得的成果，本研究将这两个范畴归为商务模式转型的结果这一核心类别。商务模式转型时机是指企业选择在何时开始进行转型，时机的选择对转型具有较大的意义，因此将其单独作为一个核心类别。

本研究在开放性编码的基础上，将以上 22 个范畴进一步归为 6 类（如表 3-4 所示），即高管团队的特征、核心决策人的特征、环境的特征、商务模式转型、

表 3-4　基于主轴编码形成的六大类别

编号	核心类别	开放性编码获得的范畴
1	高管团队的特征	高管团队的专业背景、高管团队的受教育程度、高管团队成员的职能背景、高管团队的流动性
2	核心决策人的特征	核心决策人的职能背景、核心决策人的社会资本、核心决策人的受教育程度
3	环境的特征	环境的动态性：顾客需求的改变、行业技术更新、成功企业模式的示范；环境的不友好性：行业增长潜力、行业竞争状况、企业面临的危机、资源的稀缺性、政府干预
4	商务模式转型	顾客群体的转变、提供物的转变、价值支撑的转变、价值保持
5	商务模式转型时机	转型时机
6	商务模式转型的结果	企业绩效、新旧模式的关系

资料来源：本研究编制。

商务模式转型时机和商务模式转型的结果。

2. 关系归类

通过对相关范畴、核心类别的分析,以及对其中隐含的因果关系和潜在逻辑的分析,本研究归结了如下五大类关系:

(1) 特定突发情景对核心决策人和高管团队成员的刺激影响。特定突发情景的发生,如政府政策的骤然改变、金融危机、企业危机等,将会在短时间内引起相关人员的注意,成为企业高管团队和核心决策人关注的焦点和重点解决的问题(Fiske 和 Taylor,1991)。对刺激程度产生影响的因素主要包括:情景的突发性、对未来产生影响的程度、对本企业造成危机的程度。

(2) 高管团队对环境认知的形成。在外部环境日益动荡的条件下,高管团队成员对环境形成了各自的认知,若对重大问题意见不合,产生认知冲突,容易导致团队成员的流动,进而高管团队成员重新对环境进行评估,形成新的认知,通过团队成员交流,这样循环往复,最终形成对环境的认知(Chattopadhyay 等,1999)。在此过程中,影响高管团队形成环境认知的因素主要有:高管团队的专业背景、高管团队的受教育程度、高管团队的职能背景、高管团队的流动性。

(3) 核心决策人对环境认知的形成。作为企业最重要的决策人,核心决策人对企业的经营成果担负主要责任,他们通过各种渠道,获得相关的环境信息,并结合相关的信息,形成对企业已有商务模式的判断,综合考虑企业及现有高管人员的情况,从而对企业未来的商务模式形成特定的认知(Child,1972)。影响核心决策人形成环境认知的因素主要包括:核心决策人的职能背景、核心决策人的社会资本、核心决策人的受教育程度。

(4) 转型行为的形成。影响转型行为形成的因素主要是转型的时机(翁君奕,2004)。

(5) 转型结果的形成。高管团队和核心决策人对环境形成认知,做出转型决策,在适当的时机开始实施,并通过转型行为的实施,直接形成企业新旧模式的关系和企业绩效。

3. 主范畴分析

基于 Strauss 和 Corbin(2001)的观点,本研究对相关案例数据进行了主轴编码，可以得出如图 3-2 所示的模型。这一典型模型涵盖了企业核心决策人的特征、环境动态性、转型、价值主张转变、价值支撑转变、商务模式转型时机、风险的控制、新资源的获取、企业绩效、新旧模式的关系 10 个范畴本身或范畴所包含的概念。这一模型完成了对案例数据的逻辑链接，使得所有数据形成了一个证据链。

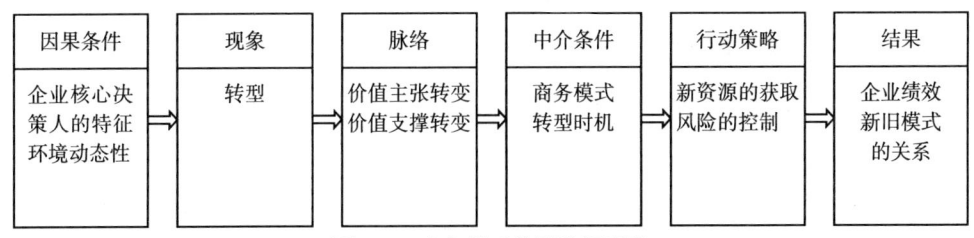

图 3-2　商务模式转型的证据链

资料来源：本研究整理。

四、选择性编码

选择性编码是整理与精炼理论的过程（Strauss 和 Corbin，2001），是先前编码结果的升华，这一过程包括的任务有：第一，辨识核心范畴，这一范畴能够代表研究的主题；第二，形成故事线，将多个案例资料分析得出的范畴、关系，用来描述一个完整的理论框架；第三，理论的精炼。

1. 辨识核心范畴

通过对高管团队的特征、核心决策人的特征、环境的特征、商务模式转型、商务模式转型时机和商务模式转型的结果等范畴的继续考察和分析，尤其是对相关主范畴及相关副范畴的进一步分析，同时结合原始资料记录进行互动比较和典型模式分析可知，核心范畴是商务模式转型，即本研究的研究主题。

2. 形成故事线

（1）核心范畴的细化。通过对相关范畴、关系归类、典型模型的构建，本研究开始对核心范畴进行细化。

情景—认知的形成。作为企业内部和外部信息交流的桥梁和纽带，高管团队和企业核心决策人对企业所处的情景进行及时的判断，最终形成对相关情景的认知。在环境的动态性和不友好性日益增强的条件下，高管团队和企业核心决策人对这些情景信息进行收集,从而对企业已有的商务模式进行判断,得出商务模式是否需要转型的主观认知。

认知—行为的形成。通过对相关的一手资料和二手资料的分析,本研究发现,在相同环境中的同一行业企业,由于企业管理者的不同而形成差异化(时间不同、转型的目标模式不同、转型程度不同)的商务模式转型决策。认知对行为具有决定作用(Bandura,1986,1999),影响企业的商务模式转型决策行为。

影响企业商务模式转型的因素包括:①高管团队的特征。作为企业重大决策的参与者,高管团队的相关特征将对商务模式转型产生重大的影响,合理的高管团队成员结构将提高商务模式转型的可能性与程度。②企业核心决策人的特征。企业核心决策人对企业重大决策负主要责任。因此,核心决策人的相关特征将对商务模式转型产生重大影响。③环境的特征。环境的动态性包括企业所处的行业中顾客需求的改变、行业技术更新、成功企业模式的示范;环境的不友好性包括行业增长潜力、行业竞争状况、政府干预、企业面临的危机等。这些环境特征一方面形成了企业所处环境的一种趋势,进而对企业的商务模式转型决策产生影响(Child,1972);另一方面通过影响企业管理人员的认知而影响企业的商务模式转型决策(Chattopadhyay 等,1999;Child,1972)。

行为与结果的相关性。企业在实践中采取商务模式转型这一企业转型行为,影响了企业绩效。企业进行商务模式转型,可能产生正面的结果,也可能产生负面的结果。产生负面结果可能的原因有:一方面,可能是企业在进行商务模式转型过程中,环境发生了重大变化,与企业之前的环境设想有重大偏离;另一方面,可能是企业对新模式认识不足,在具体的实施过程中,无法对目标商务模式的风险(Shi 和 Manning,2009)进行及时的控制,或新商务模式的竞争性下降。商务模式转型的结果,主要表现为新旧模式的关系和企业绩效。

(2)形成故事线。形成故事线,即初步建立理论框架。本研究分析我国企业商务模式转型的前因和后果。因此,本研究的核心问题范畴为商务模式转型,如图 3-3 所示。

图 3-3 中所示的理论框架与社会认知理论(Bandura,1986,1999)及弗雷德·鲁森斯(2003)在《组织行为学》一书中有关"情景、行为、结果"的观点相

一致，并且在高管团队方面的相关观点与 Hambrick 和 Mason（1984）的高阶理论相一致。Cavalcante 等（2010）认为商务模式的核心要素依赖于个人的认知、企业具体特征的需要。图 3-3 所示的理论框架与他们的观点相一致。在企业环境动态性和不友好性的情景下，企业高管团队和核心决策人对环境的信息进行过滤、加工处理，而这一心理过程可观察的表征是高管团队和核心决策人的人口统计特征。基于认识的结果，高管团队和核心决策人做出企业是否进行商务模式转型的决策，这些决策通过企业商务模式转型的行为得以实施，转型行为实施之后产生了转型的结果。在假设企业永续存在的情况下，根据路径依赖性（Nelson 和 Winter，1982），企业前一次转型的结果将影响企业对高管团队成员和核心决策人的选择，进而影响企业下一次转型决策。

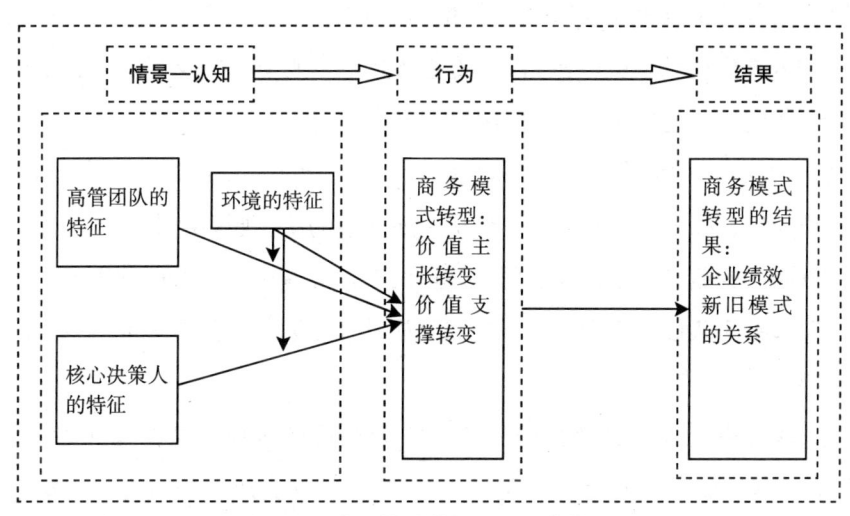

图 3-3 商务模式转型影响因素模型

资料来源：本研究编制。

3. 理论的精炼

为了确定理论的饱和，本研究收集了四家企业，一家广告公司、一家电机制造企业、一家环保空调制造企业和一家农产品零售企业。通过编码和分析，相关的内容与以上商务模式转型的脉络和因果关系相一致。

通过以上商务模式转型影响因素理论模型的构建，本研究总结如下：高管团队的特征、核心决策人的特征、环境特征三个方面是影响商务模式转型的主要因素，同时模型中还包含有商务模式转型的表征与商务模式转型的结果。

在以上对商务模式转型影响因素理论构建的基础上，本研究对研究中得出的相关范畴、类别进行了界定。

(1) 高管团队以及相关特征的界定。根据 Hambrick 等（1996）的研究，参照张平和蓝海林（2005）的观点，结合案例分析的结果，本研究将高管团队界定为上市公司的董事长、副董事长、总经理（CEO）、副总经理（Vice CEO）、总会计师、财务总监、总工程师等高级管理人员。

高管团队的专业背景是指高管团队成员在本科以及以上学历学习阶段专业所属的学科分类，按照教育部现行的学科分类，①主要包括哲学、管理学、经济学等学科门类。

高管团队的受教育程度是指高管团队成员的正式受教育程度（各种培训、课程班不纳入本研究的研究范围），主要包括高中（或中职）及其以下、专科、本科、硕士研究生（包括 MBA 和 EMBA）、博士研究生。

高管团队的职能背景是指高管团队成员职业生涯中最主要、经历时间最长的一段工作经历，以及在这一段工作经历中所从事的工作职能类别。

高管团队的流动性是指高管团队成员的增加和减少，以及内部人员的职位调整，主要包括团队规模不变情况下的职位调整和团队规模的扩大或减少情况下的职位调整。

(2) 核心决策人及其特征的界定。正如在访谈过程中某个受访者所说的，"企业中要有一个'扛大旗'的人"，本研究将"扛大旗"的人界定为核心决策人。核心决策人是企业的实际决策人，对企业的经营成果负有重大责任，核心决策人的职位头衔主要是董事长或总经理，或二者兼任，在具体研究中，核心决策人需要根据企业具体情况来确定。

核心决策人的职能背景是核心决策人职业生涯中最主要、经历时间最长的一段工作经历，以及在这一段工作经历中从事的工作职能类别。

国内外学者对企业家社会资本的定义不同，针对中国企业家社会资本进行研

---

① http://www.moe.edu.cn/publicfiles/business/htmlfiles/moe/s3882/201210/143152.html，普通高等学校本科专业目录（2012 年）。

究的学者主要有 Peng 和 Luo 以及边燕杰等。借鉴相关学者对企业家社会资本的定义（Peng 和 Luo，2000；边燕杰和丘海雄，2000），本研究将核心决策人的社会资本界定为以核心决策人个体为中心，与组织外部的相关个体、社会组织、政府之间形成的关系，通过这些关系纽带，可以为企业带来资源和各种实际的或潜在的利益。相关的编码结果表明，核心决策人的社会资本主要包括相关行业资本、行业协会资本、政治资本。

核心决策人的受教育程度是核心决策人的正式受教育程度（各种培训、课程班不纳入本研究的研究范围），主要包括高中及其以下、专科、本科、硕士研究生（包括 MBA 和 EMBA）、博士研究生。

（3）环境特征的界定。环境对企业生存和发展的影响引起了众多学者的关注。本研究将环境分为两个方面：一是环境的动态性；二是环境的不友好性。

本研究对环境动态性的界定，采用 Child（1972）的观点，即环境的动态性是指环境变化的不可预见性和不稳定性，主要包括三个方面：相关环境活动变化的频率、每次变化差异的程度、模式整体变化的不规则程度。

本研究对环境不友好性的界定，采用 Child（1972）的观点，即环境的不友好性是指组织决策者面临的威胁程度，这些威胁主要来自外部竞争对手、行业、政府和企业等。

（4）商务模式转型的表征。根据 Mitchell 和 Coles（2003）、Brink 和 Holmén（2009）、Kujala 等（2010）、Demil 和 Lecocq（2010）、Cavalcante 等（2010）等学者的观点，商务模式更换/变革的标志为商务模式构成要素的转变。借鉴 Magretta（2002）和翁君奕（2004）对商务模式构成要素的界定，考虑到价值保持是商务模式存在的风险（Shi 和 Manning，2009）及各种防范措施，并且分布在价值主张、价值支撑以及二者的连接和各个方面，本研究将商务模式转型的表征确定为价值主张的转变和价值支撑的转变。

（5）商务模式转型的结果。本研究对商务模式转型的结果从新旧模式的关系和企业绩效两个方面来测量，新旧模式的关系包括企业对新旧模式的安排，企业绩效主要包括企业的财务指标，如 ROE 等。

第五节　现有文献的对比

通过采用扎根理论的编码技术对现有数据进行分析，本研究构建了商务模式转型影响因素的概念模型。为了确保理论的延续性和发展性，本研究将构建的模型与现有理论进行对比。

一、关于环境方面的要素

1. 现有的观点

有关企业在什么样的环境下需要考虑商务模式转型的问题，相关学者从不同的视角提出了各自的观点。Kamoun（2008）认为，对已有商务模式的修正和对新商务模式的辨识具有一定的风险和不确定性，需要企业深刻理解技术、组织的业务、市场、经济、规则和竞争环境。郑称德等（2011）基于跨案例研究，采用扎根理论的编码技术，认为企业需要不断关注环境的变化，以便确定现有商务（业）模式具有进行变革的必要性。

通过对相关学者观点的回顾、梳理，本研究将相关研究涉及影响商务模式转型环境方面的因素总结如下：

第一，新技术的出现。随着企业外部环境中新技术的出现，若继续采用原有模式可能使得企业无法获取新技术带来的价值（Reuver 等，2009；Koen 等，2011）。若通过采用新商务模式更有利于企业获得新技术带来的价值，则企业可能需要新的商务模式（Johnson 等，2008），从而促使企业进行商务模式转型。

第二，企业原有的业务及模式发展到顶峰。李飞（2011）认为当企业原有的业务发展非常成熟，继续扩张的可能性在短期内不存在时，则企业需要新的商务模式。

第三，行业内竞争对手/同行竞争基础改变或出现具有行业颠覆意义的商务模式。相关学者提出了企业需要改变原有商务模式的三种行业变化情况：第一种是当需要抵御破坏性竞争和市场竞争基础改变时（Johnson 等，2008）；第二种是当行业进行转型时（Giesen 等，2010）；第三种是行业内新进入者带来新商务模式而使得企业原有商务模式失去竞争力时（McGrath，2010）。

第四，企业面临经济危机和内部危机。企业更愿意接受新商务模式的两种情形：一是在经济下滑时，企业需要采用新的方式来获得成本和弹性优势；二是当企业面临生存危机时（Giesen 等，2010）。

第五，新市场机会的出现。新市场机会的出现，使得在位企业有机会进入新市场，选择合适的新商务模式，并转向新商务模式（Sánchez 和 Ricart，2010）。这些新的市场机会主要表现为：一是由于市场上存在大量未满足的客户需求而带来的新市场机会（Johnson 等，2008）；二是由于消费者习惯改变而带来的新市场机会（郑称德等，2011）。

2. 本研究的观点

本研究得出的影响商务模式转型的环境因素主要包括：顾客需求的改变、行业技术更新、成功企业模式的示范、行业增长潜力、行业竞争状况、企业面临的危机、资源的稀缺性、政府干预八个要素。

3. 本研究的观点与现有文献的对比

通过以上对现有文献的总结和本研究观点的陈述，在顾客需求的改变、行业技术更新、成功企业模式的示范、行业增长潜力、行业竞争状况、企业面临的危机六个要素方面，本研究与现有文献的观点是一致的。本研究对现有文献的发展之处在于本研究发现了资源的稀缺性（程绪平，1991）和政府干预（孙铮等，2005）在商务模式转型中发挥着较大作用。资源的稀缺性（程绪平，1991）主要是指企业所在行业中某些战略性资源的稀缺，这些资源的稀缺足以造成现有模式的崩溃，使得现有模式无以为继，若不采取转型，企业将面临多种危机，甚至面临消亡的危险。中国的市场经济虽然有了长足发展，但是政府在经济的各个领域仍然起着举足轻重的作用（孙铮等，2005）。本研究发现，政府干预（孙铮等，2005）无论是积极的，还是消极的，均会在一定程度上对企业已有商务模式产生影响。

二、关于人方面的因素

1. 现有文献的观点

现有文献中对商务模式转型中人的因素研究，通常散落在研究者只言片语的叙述中。本研究将这些观点归纳、总结，发现这些观点主要集中于对企业家在转型或变革中重要作用的肯定和企业领导者更换对变革的可能影响方面。

具体如下：

第一，作为连接企业内部和外部的中介——企业家，对商务模式转型起着重要作用，这一点得到了相关学者的认可（Govindarajan 和 Trimble，2011；Petrovic 等，2001；Aspara 等，2011，2013；郑石明，2006）。

第二，企业领导者的更换，通常都会导致商务模式发生重要变化（程愚，2010）。

2. 本研究的观点

本研究通过扎根理论构建的商务模式转型中人方面的影响因素主要包括：第一，高管团队的特征，包括高管团队的专业背景、高管团队的受教育程度、高管团队的职能背景、高管团队的流动性等；第二，核心决策人的特征，包括核心决策人的职能背景、核心决策人的社会资本、核心决策人的受教育程度等。

3. 本研究的观点与现有文献的对比

通过以上对现有文献的总结和本研究观点的陈述，本研究发现：现有文献中，程愚（2010）明确提出企业领导者的更换这一影响因素。Aspara 等（2011，2013）进一步通过案例研究发现企业家的个人价值观、信仰和背景等及高管团队的成分等对商务模式转型存在影响，但是并没有深入研究特定的因素。因此，本研究对已有研究的发展之处在于将这些因素具体化、精细化为高管团队的专业背景、高管团队的受教育程度、高管团队的职能背景、高管团队的流动性、核心决策人的职能背景、核心决策人的社会资本、核心决策人的受教育程度七个具体要素。

第六节 多案例分析

通过以上对相关数据的分析，本研究得出影响商务模式转型的相关要素，即高管团队的特征、企业核心决策人的特征、环境特征等，进而确定了商务模式转型的前因和后果。根据研究的结果，本研究将对案例企业的商务模式演变轨迹进行分析，从中归纳出相关因素对商务模式转型的影响及商务模式转型的结果。

一、案例企业商务模式转型分析

为了进一步分析相关因素对案例企业商务模式转型的影响，基于所获得的资料，本研究分析了案例企业的商务模式演变轨迹。

案例企业 A 商务模式演变轨迹如表 3-5 所示。案例企业 B 商务模式演变轨迹如表 3-6 所示。案例企业 C 商务模式演变轨迹如表 3-7 所示。案例企业 D 商务模式演变轨迹如表 3-8 所示。案例企业 E 商务模式演变轨迹如表 3-9 所示。结合上文对商务模式转型的辨识标准，本研究总结出案例企业的商务模式转型次数及转型表征，如表 3-10 所示。

表 3-5　案例企业 A 商务模式演变轨迹

时间范围	价值主张	价值支撑
2002~2006 年	顾客：写字楼人群、企业专业人士 产品/服务概念：专业人士的文化选择 具体产品：图书、音像	关键资源/能力：对消费者需求的理解能力、出色的营销策划能力、地理位置的优越 与利益相关者的关系：与供应商关系良好；与竞争对手关系良好，有时彼此供货，以备应急缺货；会员制及针对会员的活动使得顾客群体稳定而关系紧密 收入来源：产品销售收入，引入的第三方休闲食品的销售分成，举办活动的会员收费 成本：租金成本、产品成本、人力成本、店面装修设计成本、组织活动的成本 收费对象：单个顾客 收费标准：相对较高

续表

时间范围	价值主张	价值支撑
2006~2010年	顾客：一是单个企业专业人士，二是企业或组织 产品/服务概念：一是专业人士的生活概念馆，二是为企业或组织提供整体配套服务 具体产品：图书、音像、画廊、创意类产品、培训及设计服务	关键资源/能力：顾客良好的口碑、出色的营销策划能力、对消费者需求的快速反应能力 与利益相关者的关系：与供应商关系良好，有很多产品是独家代理；与竞争对手关系良好；与顾客关系稳定 收入来源：产品销售收入、服务收费、举办活动的会员收费； 成本：租金成本、产品购买成本、人力成本、店面装修设计成本、组织活动的成本、独家代理成本 收费对象：单个顾客、企业顾客 收费标准：相对较高
2011年至今	顾客：热爱生活、对生活品质关注的人群 产品/服务概念：原创生活百货 具体产品：独家代理的创意类产品、生活瓷器类产品、饰品（国外纯手工制作）、服装	关键资源/能力：拥有稀缺的产品来源；实体店的测试与配合 与利益相关者的关系：与供应商关系良好；与物流企业关系良好；没有直接竞争对手；顾客还处于培养期，但是一旦建立关系，容易形成牢固的顾客关系 收入来源：产品销售收入 成本：网站运营成本、租金成本、产品购买成本、独家代理成本、人力成本 收费对象：单个顾客 收费标准：相对较高

资料来源：本研究编制。

表3-6 案例企业B商务模式演变轨迹

时间范围	价值主张	价值支撑
1992~1996年	顾客：市区当地人群 产品/服务概念：销售药品 具体产品：OTC类的产品	关键资源/能力：一些零售网点 与利益相关者的关系：与顾客、所在社区等利益相关者的关系一般；与竞争对手差距较大，没有竞争的意愿，处于弱势竞争地位 收入来源：产品销售收入 成本：租金成本、产品购买成本、人力成本 收费对象：单个顾客 收费标准：一般
1996年至今	顾客：区域范围的人群、组织 产品/服务概念：人类健康产品 具体产品：各种医药保健产品、器械、美容产品、中药制剂	关键资源/能力：完善的销售网点、资本的获取能力、品牌优势、IT系统、对整个流程的控制力度、制造能力 与利益相关者的关系：与供应商关系良好；与当地政府关系较好，但是国家的行业政策变化较快；与顾客的关系较为稳固；与竞争对手的关系，主要采用两种方式：一种是通过友好收购的方式，化敌为友；另一种是直接进行竞争；增加了医药供应商，原有的供应商转化为竞争对手，但数量有限；与战略投资者关系良好；与顾客关系良好 收入来源：产品销售收入及制造相关产品带来的收入 成本：租金成本、各种制造原材料成本、研发成本、人力成本、产品购买成本 收费对象：单个顾客、组织客户 收费标准：一般

资料来源：本研究编制。

表 3-7　案例企业 C 商务模式演变轨迹

时间范围	价值主张	价值支撑
1993~1998年	顾客：休闲人群 产品及服务概念：让消费者拥有更多可选择的衣服 具体产品/服务：休闲服装	关键资源/能力：完善的销售网点及连锁的实力；制造能力、自有品牌 与利益相关者的关系：与供应商保持良好的关系；与竞争对手关系良好；与顾客关系较好；但是对代理商有依赖性 收入来源：产品销售收入、从代理商方面获得收入 成本：厂房租赁或购买成本、店铺租赁成本、各种制造原材料成本、人力成本、产品设计成本 收费对象：单个顾客、代理商 收费标准：一般
1997~2000年	顾客：休闲人群及租赁商户 产品及服务概念：提供人们可选择的衣服及良好的购物场所 具体产品/服务：休闲服装及商铺租赁	关键资源/能力：完善的销售网点及连锁的实力；制造能力、自有品牌；相关土地的开发资格 与利益相关者的关系：与供应商维持较为良好的关系；与竞争对手关系良好；竞争不太激烈；顾客关系较好；对代理商有依赖性；资金来源较大程度上依赖于金融机构 收入来源：产品销售收入、从代理商那里获得的收入、租赁收入 成本：厂房租赁成本或购买及店铺租赁成本、各种制造原材料成本、人力成本、产品设计成本、地产开发成本 收费对象：单个顾客、代理商及租赁商家 收费标准：一般
2000年至今	顾客：时尚白领女性 产品及服务概念：快时尚、让女人变得更美 具体产品/服务：女性时装及饰品	关键资源/能力：服装品牌连锁的经验、所购买使用权的品牌的来源国优势、原集团所拥有的供应商、商誉资源、服装设计能力 与利益相关者的关系：与原有供应商的关系仍然维持，与商场合作建立销售网络，使得双方关系更进一步；竞争对手强大；与顾客关系良好 收入来源：产品销售收入、从代理商方面获得的收入 成本：店铺租赁成本、人力成本、产品外包成本、产品设计成本、品牌使用权成本 收费对象：单个顾客、代理商 收费标准：中等

资料来源：本研究编制。

表 3-8　案例企业 D 商务模式演变轨迹

时间范围	价值主张	价值支撑
1995~2003年	顾客：男士、女士 产品及服务概念：牛仔休闲服装 具体产品/服务：男女牛仔裤	关键资源/能力：服装制造能力 与利益相关者的关系：与供应商的关系一般；与顾客的关系一般；与出租方的关系良好；竞争对手之间竞争激烈，企业在竞争中处于相对劣势 收入来源：产品销售收入及制造相关产品带来的收入 成本：厂房租赁成本、购买厂房成本及店铺租赁成本、各种制造原材料成本、人力成本、产品设计成本 收费对象：单个顾客 收费标准：一般

续表

时间范围	价值主张	价值支撑
2003年至今	顾客：男士、女士 产品及服务概念：大众可以轻松拥有的时尚产品 具体产品：男女时装、皮具、鞋、内衣及饰品	关键资源/能力：对终端销售数据的分析；IT供应链；服装制造能力 与利益相关者的关系：与供应商维持良好的关系；与外包商的关系良好；与出租方的关系良好；与顾客关系良好；竞争对手之间竞争激烈，企业在竞争中处于相对中等地位 收入来源：产品销售收入及制造相关产品带来的收入 成本：厂房租赁成本、厂房购买成本及店铺租赁成本、各种制造原材料成本、人力成本、产品设计成本、产品外包成本 收费对象：单个顾客 收费标准：一般

资料来源：本研究编制。

表3-9　案例企业E商务模式演变轨迹

时间范围	价值主张	价值支撑
1997~1999年	顾客：国外相关企业 产品/服务概念：光学产品 具体产品：各种类型的望远镜	关键资源/能力：良好的客户资源 与利益相关者的关系：与供应商的关系良好，与供应商分担风险；与客户关系良好，与竞争对手关系良好，在同一层次上直接竞争的对手较少 收入来源：产品销售收入 成本：人力成本、产品购买成本 收费对象：相关企业或组织 收费标准：一般
1999年至今	顾客：国外光学相关企业和国内相关企业 产品/服务概念：观看、记录世界的光学产品 具体产品：传统光学产品及数码光学电子产品	关键资源/能力：良好的客户资源；精细的制造能力；整合资源的能力 与利益相关者的关系：与供应商的关系良好，与供应商分担风险；与客户关系良好，共同合作项目；竞争对手之间的竞争强度较之前有所提高，但是仍然在合理的范围 收入来源：产品销售收入及制造相关产品带来的收入 成本：厂房租赁成本、购买厂房成本、各种制造原材料成本、人力成本、研发成本 收费对象：相关企业或组织 收费标准：一般

资料来源：本研究编制。

表3-10　多案例企业商务模式转型分析

案例企业	次数	商务模式转型	转型实践表现
A	1	从"零售模式"到"零售模式+组织服务模式"	目标客户类型的增加（从个人客户到个人客户与组织客户并存）；提供物中增加组织客户的各种定制服务，相关的业务流程、人员、客户关系、收入来源发生变化
A	2	从"零售模式+组织服务模式"到"实体+电子商务"	目标客户类型、区域的增加，提供物中增加原创设计类产品、物流服务，并以此作为未来的重要方向，相关的业务流程、客户关系、收入来源发生了较大变化

续表

案例企业	次数	商务模式转型	转型实践表现
B	1	从"医药流通模式"到"医药制造+医药流通模式"	目标客户没有变化，提供物中增加中药制剂产品，相关的业务流程、供应商、客户关系、品牌建设、研发方面、收入来源发生了较大变化
C	1	从"服务制造+零售"到"服务模式+商业房地产模式"	目标客户发生了重大变化，提供物发生了重大变化，相关的业务流程、组织结构、供应商、客户、产品设计、收入来源等发生了重大变化
C	2	从"服务模式+商业房地产模式"到"代理品牌服务模式"	目标客户发生了重大变化，提供物发生了重大变化，相关的业务流程、组织结构、供应商、客户、产品设计、收入来源等发生了重大变化
D	1	从"休闲裤装经营模式"到"都市快时尚服装品牌经营制造模式"	目标客户完全发生了变化，提供物发生了变化，业务流程发生了重大变化，客户、竞争者关系发生了重大变化，产品设计方向发生了重大变化，收入来源发生了变化
E	1	从"商业外贸模式"到"制造+商业外贸模式"	目标客户发生了较大变化，提供物发生了变化，业务流程发生了重大变化，供应商关系、竞争者关系发生了重大变化，产品设计发生了重大变化、收入来源发生了重要变化

资料来源：本研究编制。

通过对案例企业商务模式转型次数及商务模式转型的实践表现的总结，所选择的五家案例企业在研究观察期间的商务模式演变轨迹表明，案例企业共进行了七次转型。案例企业商务模式演变轨迹及转型次数的确定为下文进一步分析相关影响因素的作用及商务模式转型与结果的关系奠定了基础。

二、商务模式转型影响因素作用分析

在前文进行相关范畴识别的基础上，本研究进一步分析了五个案例企业中商务模式转型影响因素的作用，如表3-11所示。

表3-11中展示了15个具体因素对企业商务模式转型的影响状况，并显示了这些因素本身的属性特征和对商务模式转型影响的程度。

根据表3-11显示的结果，本研究得出如下结论：

（1）高管团队的特征中，职能背景的异质性对企业商务模式转型的影响中，五次高管团队职能背景的异质性是高的，对商务模式转型的影响也是高的；一次高管团队职能背景的异质性是低的，对商务模式转型的影响是中等的；一次高管团队职能背景的异质性是低的，对商务模式转型的影响是高的。因此，职能背景

表 3-11 相关影响因素的案例企业考察结果

影响要素的层次	影响要素	A公司 第一次转型 属性	A公司 第一次转型 影响程度	A公司 第二次转型 属性	A公司 第二次转型 影响程度	B公司 第一次转型 属性	B公司 第一次转型 影响程度	C公司 第一次转型 属性	C公司 第一次转型 影响程度	C公司 第二次转型 属性	C公司 第二次转型 影响程度	D公司 第一次转型 属性	D公司 第一次转型 影响程度	E公司 第一次转型 属性	E公司 第一次转型 影响程度
高管团队的特征	职能背景的异质性	高	高	高	高	高	高	低	中	高	高	高	高	低	高
高管团队的特征	受教育程度的异质性	低	低	高	中	低	中	低	低	低	低	高	低	低	中
高管团队的特征	专业背景的异质性	高	高	高	中	低	中	低	低	高	低	高	低	低	高
高管团队的特征	高管团队的流动性	低	低	高	高	高	高	高	高	高	高	高	高	低	低
核心决策人的特征	职能背景	金融	中	金融	高	管理	高	管理	高	管理	高	管理	高	管理	高
核心决策人的特征	社会资本	高	高	高	高	高	高	高	高	高	高	高	高	高	高
核心决策人的特征	受教育程度	本科	中	硕士	高	硕士	高	本科	低	本科	低	本科	低	硕士	高
环境特征	行业增长潜力	低	高	中	中	低	高	低	低	低	低	低	高	低	高
环境特征	行业竞争状况	中	中	中	中	高	高	高	高	高	高	高	高	高	高
环境特征	现有模式所需资源的稀缺性	高	高	高	高	低	低	低	低	低	低	低	低	高	高
环境特征	企业面临的危机	低	低	低	低	低	低	低	低	低	低	高	中	高	高
环境特征	政府干预	低	低	高	高	高	高	低	低	低	低	低	低	低	低
环境特征	成功企业模式的示范	低	低	高	高	高	高	高	高	高	高	高	高	高	高
环境特征	顾客需求的改变	高	高	高	高	低	低	低	低	高	高	高	高	高	高
环境特征	行业技术更新	低	低	高	高	高	高	低	低	中	中	中	中	低	低

资料来源：本研究编制。

的异质性对商务模式转型的影响中，七次转型中有五次产生了正向影响，在其他两次转型中产生了负向影响。

（2）高管团队的特征中，受教育程度的异质性对商务模式转型的影响中，三次高管团队受教育程度的异质性是低的，对商务模式转型的影响也是低的；两次受教育程度的异质性是低的,对商务模式转型的影响是中等的;一次高管团队受教育程度的异质性是高的,对商务模式转型的影响是中等的;一次高管团队受教育程度的异质性是高的,对商务模式转型的影响是低的。因此,受教育程度的异质性对商务模式转型的影响中,七次转型中有三次对商务模式转型的影响较低,有四次产生了影响,但是方向存在不确定性。

(3)高管团队的特征中,专业背景的异质性对商务模式转型的影响中,三次高管团队专业背景的异质性是高的,对商务模式转型的影响也是高的;三次高管团队专业背景的异质性是低的,对商务模式转型的影响是高的;一次高管团队专业背景的异质性是低的,对商务模式转型的影响是中等的。因此,专业背景的异质性对商务模式转型的影响中,有三次转型中产生了正向影响,有四次转型中产生了负向影响。

(4)高管团队的特征中,高管团队的流动性对商务模式转型的影响中,五次高管团队的流动性高,对商务模式转型影响也高;两次高管团队的流动性低,对商务模式转型影响也低。因此,高管团队的流动性对商务模式转型的影响中,七次转型中有五次产生了正向影响,有两次对商务模式转型的影响较低。

(5)核心决策人的特征中,核心决策人的职能背景对商务模式转型的影响中,七次转型中,拥有从事管理工作经历的核心决策人有五人次,并且五次均对商务模式转型产生了正向影响;拥有从事金融工作经历的核心决策人有两人次,一次产生的影响较高,一次产生的影响中等。

(6)核心决策人的特征中,核心决策人的社会资本对商务模式转型的影响中,在七次转型中,核心决策人均拥有较强的社会资本,并且均对商务模式转型产生了正向影响。因此,核心决策人的社会资本对商务模式转型的影响中,七次均对商务模式转型产生了正向影响。

(7)核心决策人的特征中,核心决策人的受教育程度对商务模式转型的影响中,七次转型中,拥有硕士教育程度的核心决策人有三人次,并且均对商务模式转型产生了正向影响;拥有本科教育程度的核心决策人有四人次,其中,两次对商务模式转型影响较低,一次对商务模式转型影响中等,一次对商务模式转型影响较高。因此,核心决策人拥有本科教育程度对商务模式转型的影响存在不确定性，有时促进商务模式转型，有时阻碍商务模式转型；而核心决策人拥有硕士教育程度对商务模式转型产生正向影响。

（8）环境特征方面，行业增长潜力对商务模式转型的影响中，七次转型中有五次行业增长潜力低，对商务模式转型产生的影响较高；一次行业增长潜力处于中等水平，对商务模式转型的影响也处于中等水平；还有一次行业增长潜力低，对商务模式转型的影响也低。因此，行业增长潜力对商务模式转型的影响中，五次对商务模式转型产生了负向影响，一次对商务模式转型产生了正向影响，一次对商务模式转型的影响较低。

（9）环境特征方面，行业竞争状况对商务模式转型的影响中，七次转型中有五次行业竞争状况较高，对商务模式转型的影响也较高；两次行业竞争状况中等，对商务模式转型的影响也处于中等。因此，行业竞争状况对商务模式转型的影响中，七次均对商务模式转型产生了正向影响。

（10）环境特征方面，资源的稀缺性对商务模式转型的影响中，七次转型中有三次资源稀缺性较高，对商务模式转型的影响也较高；四次资源稀缺性较低，对商务模式转型的影响也较低。因此，资源稀缺性对商务模式转型的影响中，三次对商务模式转型产生了正向影响，四次对商务模式转型的影响较低。

（11）环境特征方面，企业面临的危机对商务模式转型的影响中，七次转型中有四次企业面临的危机较低，对商务模式转型的影响也较低；有两次企业面临的危机较高，对商务模式转型的影响也较高；一次企业面临的危机处于中等水平，对商务模式转型的影响也处于中等水平。因此，企业面临的危机对商务模式转型的影响中，三次对商务模式转型产生了正向影响，四次对商务模式转型的影响较低。

（12）环境特征方面，政府干预对商务模式转型的影响中，七次转型中有三次政府干预程度较高，对商务模式转型影响也较高；四次政府干预程度较低，对商务模式转型的影响也较低。因此，政府干预对商务模式转型的影响中，三次对商务模式转型产生了正向影响，四次对商务模式转型的影响较低。

（13）环境特征方面，成功企业模式的示范对商务模式转型的影响中，七次转型中有六次成功企业模式的示范较高，对商务模式转型的影响也较高；一次成功企业模式的示范较低，对商务模式转型的影响也较低。因此，成功企业模式的示范对商务模式转型的影响中，六次对商务模式转型产生了正向影响，一次对商务模式转型的影响较低。

（14）环境特征方面，顾客需求的改变对商务模式转型的影响中，七次转型中有五次顾客需求的改变程度较高，对商务模式转型的影响也较高；两次顾客需求的改变程度较低，对商务模式转型的影响也较低。因此，顾客需求的改变对商务模式转型的影响中，七次均对商务模式转型产生了正向影响。

（15）环境特征方面，行业技术更新对商务模式转型产生的影响中，七次转型中有两次行业技术的更新程度为中等，对商务模式转型的影响也为中等；一次行业技术的更新程度较高，对商务模式转型的影响也较高；四次行业技术的更新程度较低，对商务模式转型的影响也较低。因此，行业技术的更新对商务模式转型的影响中，三次对商务模式转型产生了正向影响，四次对商务模式转型的影响较低。

基于以上分析，本研究将研究的模型进一步细化，如图 3-4 所示。由于高管团队的专业背景对商务模式转型的影响不明确，且大专以上才有专业，同一个成员其专业背景可能具有多个，因此，本研究决定将高管团队的专业背景剔除。由于新增教育经历不容易测量，核心决策人的受教育程度以是否为硕士来进行测量，并进行相关的分析。由于高管团队受教育程度的异质性对商务模式转型影响的方向不确定，鉴于相关学者认为高管团队的异质性能够对企业决策产生积极影响（Weick，1987；Eisenhardt 和 Bourgeois，1988），因此，本研究假定高管团队受教育程度的异质性对商务模式转型产生正向影响。本研究将行业增长潜力改为行业增长潜力减少的程度，作为环境不友好性的一个要素，将环境不友好性和环境动态性的具体项目进行整合，从而提出商务模式转型影响因素的模型，如图 3-4 所示。

三、商务模式转型与企业绩效的关系分析

在分析了相关因素对商务模式转型影响作用的基础上，本研究通过对案例企业资料的梳理，进一步探讨了商务模式转型次数、企业绩效、转型成功与否、转型时机的选择。如表 3-12 所示。

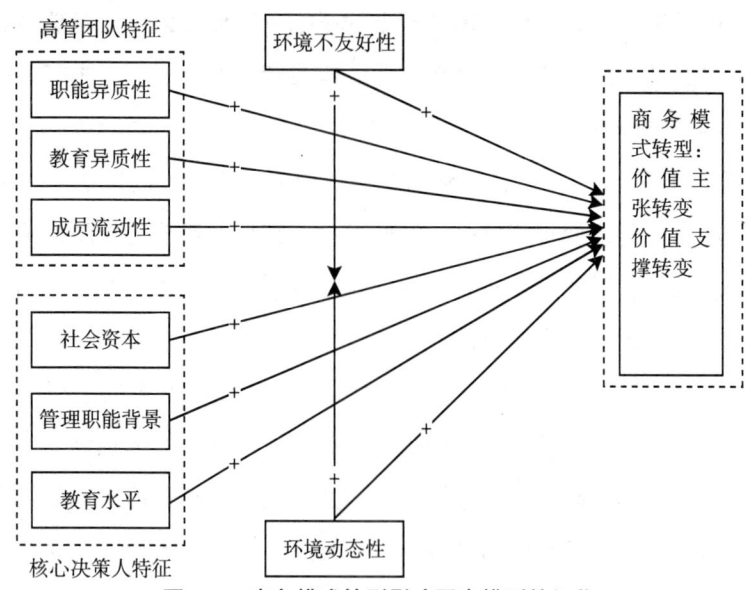

图 3-4　商务模式转型影响因素模型的细化

资料来源：本研究编制。

表 3-12　案例企业商务模式转型与企业绩效的关系

案例企业	次数	商务模式转型	企业绩效	转型成功与否	转型时机
A	1	从"零售模式"到"零售模式+组织服务模式"	一年后，企业绩效有所增长，但是带来的增长有限	成功	主动
A	2	从"零售模式+组织服务模式"到"实体+电子商务"	企业绩效未显著提高，但是吸引了很多投资者	刚开始，尚未明确	主动
B	1	从"医药流通模式"到"医药制造+医药流通模式"	投产后，企业绩效较好	成功	主动
C	1	从"服务制造+零售"到"服务模式+商业房地产模式"	企业绩效很差，对企业的生存产生很大威胁	失败	主动
C	2	从"服务模式+商业房地产模式"到"代理品牌服务模式"	8年后，取得良好的企业绩效，实现了企业的目标	成功	被动
D	1	从"休闲裤装经营模式"到"都市快时尚服装品牌经营制造模式"	6年后，企业绩效有较大提升，新的模式运营良好	成功	主动
E	1	从"商业外贸模式"到"制造+商业外贸模式"	2年后，企业绩效大幅度提高，达到了预期的目标	成功	主动

资料来源：本研究整理。

通过对分析结果的对比，本研究发现：

（1）研究所选择的案例企业是至少经过一次商务模式转型的企业，其中多数是成功的转型，转型的时机多数为主动转型。

（2）从长期来看，在商务模式转型与企业绩效的关系中，七次转型中有五次获得了成功，取得了较好的企业绩效；一次转型失败；一次转型过程尚未结束。同时，商务模式转型程度及难度不同，企业绩效也存在差异。由于企业对新商务模式的风险认识、所采取的风险控制等因素的影响，商务模式转型存在失败的可能性。

在上述分析的基础上，本研究将商务模式转型结果分析进一步整理（见图3-5），提出如下观点：

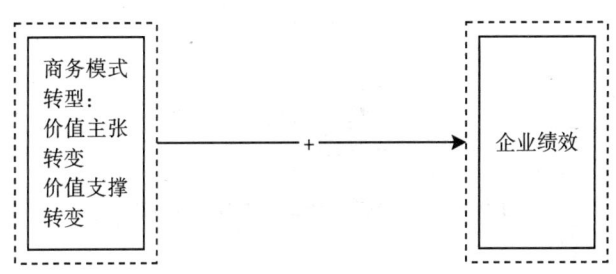

图 3-5　商务模式转型与企业绩效的关系模型

资料来源：本研究编制。

（1）不同的商务模式转型程度可能带来不同的企业绩效。

（2）从长期来看，商务模式转型可能会带来较好的企业绩效，但是这一结果存在不确定性。

基于上述分析，本研究将相关的观点汇总如图3-6所示。图3-6涵盖了商务模式转型的影响因素、商务模式转型与企业绩效之间的关系，为下一章中相关研究假设的提出奠定了基础。

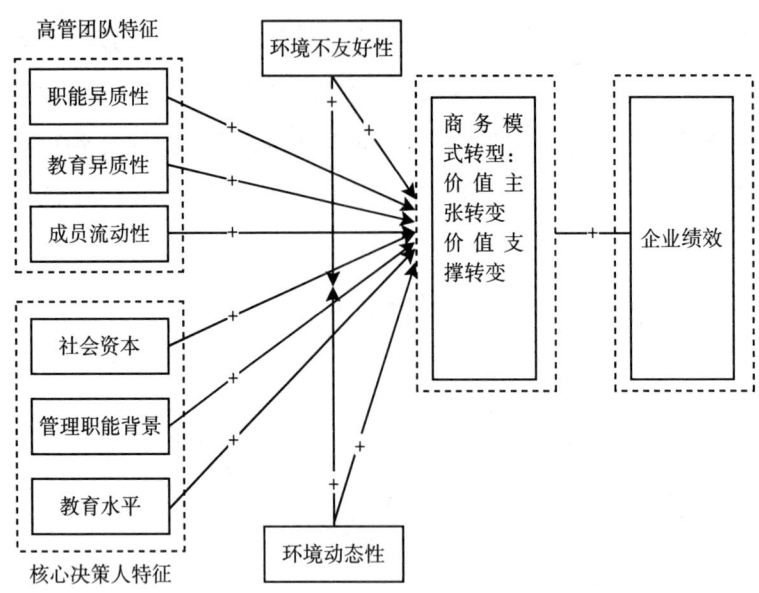

图 3-6　商务模式转型理论模型的构建

资料来源：本研究编制。

第四章　研究假设与变量的测量

在第三章中，采用案例研究法和扎根理论，本研究确定了商务模式转型影响因素的模型，但是样本量有限，并不具有普遍意义。而量化的调查能够采集更大的样本，并能够将研究结论应用到更大的范围，所以，本研究在构建理论框架的基础上，结合已有文献提出相关的研究假设，为采用定量研究的方法验证商务模式转型的影响因素奠定基础。

第一节　研究假设

一、高管团队的特征对商务模式转型的作用

有关高管团队与商务模式转型（或变革）的关系，相关学者进行了研究。在Hambrick和Mason（1984）提出的高阶理论基础上，Tikkanen等（2005）认为商务模式的演化是经济交易和高层管理者行为的结果。相关学者认为企业进行商务模式变革需要高管成员的勇气和高管团队的集体承诺（Doz和Kosonen，2010），并进一步认为高管成员的强信仰、高管成员的认知对商务模式的核心要素以及企业做业务的方式（商务模式）产生长期影响（Tripsas和Gavetti，2000；Cavalcante等，2010）。Smith等（2010）认为企业领导通过团队中心或领导中心结构从事动态决策，在多种层次上主动学习，促进新商务模式出现，从而使得组织实现长期的成功。而Patzelt等（2008）通过实证研究得出，高管团队人口统计特征

对企业绩效的影响，取决于企业所选择的商务模式。Aspara等（2011）在相关研究的基础上，基于诺基亚的案例研究得出，高管团队的组成强烈地影响着在位企业对新商务模式的选择，并最终影响商务模式转型。

基于上述相关学者有关高管团队对商务模式转型影响的研究，本研究进一步从高管团队异质性和高管团队成员流动性两个方面来探讨其对商务模式转型的影响。

1. 高管团队异质性对商务模式转型的影响

在高管团队进行商务模式转型决策的过程中，每位高管成员对商务模式转型及其程度的观点和解释，可以从其所拥有的特定人口统计特征得到预见；不同的高管团队人口统计特征，将产生不同的转型决策（Wiersema和Bantel，1992）。然而，针对高管团队异质性对企业决策起着促进作用还是阻碍作用，相关学者持不同的观点。

一些学者认为高管团队异质性能够对企业决策产生积极影响（Weick，1987；Eisenhardt和Bourgeois，1988），并进一步认为较高的高管团队异质性提高了组织的适应能力（Katz，1982）。高管团队内部不同知识的对抗和组合是产生创新思想的来源（Doz和Kosonen，2010）。基于信息或决策制定观，高管团队异质性较高，可以充分地利用团队内部所拥有的多种知识、创新和经验及信息来源渠道（Haynes和Hillman，2010），促进高管团队内部成员对与一个团队任务相关的信息进行交换、讨论，以便对相关观点和知识进行整合（Knippenberg等，2004），从而得到高质量的决策（Hoffman和Maier，1961）。相关学者进一步通过实证研究证明，高管团队异质性与高水平的企业创新决策相关（Bantel和Jackson，1989；Katz，1982）。Pfeffer（1983）认为高管团队异质性有利于促进组织变革。当高管团队异质性增加时，高管团队内部将展开更为充分的讨论，对相关信息进行深入加工（Nadolska和Barkema，2014），从而促进企业选择程度较高的转型。

相反，一些组织理论方面的学者认为，高管团队在人口统计特征变量方面的异质性是有成本的（Wiersema和Bantel，1992）。随着高管团队异质性的增加，团队内部沟通日益紧张，冲突负担日益加重，阻碍了企业对相关变革的讨论，从而导致高管团队难以在方式和目标上达成一致（Zajac等，1991）。

(1) 高管团队受教育程度的异质性对商务模式转型的影响。相关的实证研究表明，不同的教育水平反映了个人不同的信息处理能力和管理复杂性的能力，较高的教育水平与拥有信息处理的高能力、对环境模糊的高容忍度、管理复杂性的高能力相关（Hambrick 和 Mason，1984；Wiersema 和 Bantel，1992）。教育影响个人的认知，来自不同教育背景的人对潜在的、转型程度不同的商务模式转型方案评估不同（Hambrick 等，1996；Wiersema 和 Bantel，1992）。在解释不同程度的商务模式转型时，受教育程度异质性较高的高管团队可能为团队内部带来更为丰富的讨论和观点（Nadolska 和 Barkema，2014），从而促使企业选择程度较高的商务模式转型。与之相反，一些学者认为，受教育程度不同的个人对创新程度、管理复杂性的接受程度不同（Kimberly 和 Evanisko，1981）。Knight 等（1999）通过实证研究发现，高管团队受教育程度的异质性与高管团队达成战略共识呈现负相关关系，从而造成受教育程度异质性较高的高管团队内部对商务模式转型程度难以形成统一的认识，进而影响企业对商务模式转型程度的选择。结合第三章案例研究得出的结论，本研究认为受教育程度异质性高的高管团队更容易驾驭复杂的商务模式转型。

(2) 高管团队职能背景的异质性对商务模式转型的影响。高管团队成员以往的从业背景、工作经历的不同，导致高管团队中每一个成员思考问题亦有所不同（谢绚丽和赵胜利，2011）。Hambrick 和 Mason（1984）认为职能背景异质性程度不同将对企业的重大决策产生不同的影响。针对高管团队职能背景的异质性是产生积极影响还是消极影响，不同的学者持不同的观点。

以 Weick（1987）、Eisenhardt 和 Bourgeois（1988）为代表的学者认为高管团队职能背景的差异具有积极的影响，这种积极影响主要表现为：一方面，高管团队职能背景的差异使得团队能够敏锐地捕捉市场变化的信号，而且能够判定变化的性质以及对未来的影响；另一方面，还可以推动企业董事会在重大决策中采取更加广泛的解决方案和评判标准。相关实证研究的结果支持了这一观点，如 Golden 和 Zajac（2001）发现董事会成员职业背景的异质性正向影响组织变革。

以 Sutcliffe（1994）为代表的学者认为高管团队职能背景的异质性会产生消极影响，即高管团队职能背景的异质性越高，越容易产生团队内沟通的障碍，从而使得高管团队对于外部环境中机会的识别能力降低。相关实证研究的结果支持了这一观点。例如，Knight 等（1999）通过实证研究发现，高管团队职能背景的异质性与战略共识呈现负相关关系。Carpenter 和 Fredrickson（2001）通过实证研究发现，高管团队职能背景异质性与企业变革呈现负相关关系。

结合第三章案例研究得出的结论——高管团队职能背景的异质性与商务模式转型呈正向关系，本研究认为拥有不同职能背景的高管团队更容易驾驭复杂的商务模式转型。

基于以上所述，本书提出以下两个假设：

H11：高管团队受教育程度的异质性程度与商务模式转型程度呈现正向相关关系。

H12：高管团队职能背景的异质性程度与商务模式转型程度呈现正向相关关系。

2. 高管团队的流动性对商务模式转型的影响

Petrovic 等（2001）认为在位企业改变已有的商务模式，需要改变企业经理人的心智模式，促使经理人建立对新商务模式的承诺；但是，人的心智模式在短时间内是难以改变的。而来自其他层级水平、组织或行业的新高管团队成员可以为高管团队带来新的思维，这些思维将对企业变革产生较大影响（Graham 和 Richards，1979；Virany 和 Tushman，1986）。Quinn（1980）认为高管团队成员的变化为组织提供了变革的信号和合法性。Barker 和 Mone（1998）的研究表明，CEO 的变换与组织变革正相关，新的 CEO 更倾向于变革。Barker 等（2001）通过定量研究发现，较高的高管团队更替水平与竞争战略、企业的结构和控制等组织变革正相关。同时，高管团队的流动性也在一定程度上破坏了团队的稳定性（Keck，1997）。由于对团队的传统及文化不太了解，新来的团队成员与原有的团队成员对企业商务模式转型的态度不相似（Wagner 等，1984）和对已有商务模式方面的经验不认同（Hambrick 和 Mason，1984）。

企业从已有的商务模式转向目标商务模式的过程充满不确定性和困难（Osterwalder 等，2005；Baden-Fuller 和 Morgan，2010）。由于现有任期内的团队成员是已有商务模式的既得利益者，对已有商务模式有更多的承诺和利益，团队成员之间的利益也达到了一种均衡，内部相对缺乏变革的动力（Chesbrough，2007）。同时，对现有的团队成员来说，企业的目标商务模式所涉及的问题和领域，可能是他们所未接触到或了解甚少的崭新课题。在这种情况下，他们可能难以进行较高程度的商务模式转型。因此，高管团队成员流动性可能促进企业选择程度较高的商务模式转型。

基于以上分析，本研究提出：

H13：高管团队成员的流动性与商务模式转型程度呈现正向相关关系。

二、核心决策人的特征对商务模式转型的作用

根据第三章研究得出的结论，核心决策人的特征对商务模式转型具有影响，并且核心决策人的特征包括核心决策人的受教育程度、职能背景、社会资本。有关企业核心决策人对商务模式转型的作用，相关学者进行了研究和描述，主要学者的观点如下文所述。

核心决策人是企业中最有影响力的人（Rajagopalan 和 Datta，1996），在商务模式转型决策中起着重要作用（Lindgardt 等，2009；McGrath，2010；Demil 和 Lecocq，2010）。在新商务模式概念形成和执行的过程中，新商务模式受到经理人"有限理性"的限制和胜任力的影响（Sosna 等，2010）。

因此，本研究将从核心决策人的受教育程度、社会资本和职能背景方面研究其对商务模式转型的影响。

1. 核心决策人的受教育程度对商务模式转型的影响

Sapienza 和 Grimm（1997）认为接受教育是人们提升技能和能力的主要手段，通过大学教育可以提升个人的信息收集能力、预测力、想象力和沟通技能，而专业化的教育培训，如工程、计算机、生物学为受教育者提供了一个专业领域内的知识优势，高的受教育程度和专业化背景会使企业家对创新、不确定的偏好得到一定程度的增强。相关的实证研究表明，高的受教育程度与拥有信息处理的高能力、对环境模糊的高容忍度、管理复杂性的高能力相关，从而能够影响管理者处理环境中意外事件的能力（Schroder 等，1967）。教育影响个人的认知，进而拥有不同教育背景的核心决策人对同一商务模式转型方案评估也不同（Hambrick 等，1996；Wiersema 和 Bantel，1992），从而选择程度不同的商务模式转型（Petrovic 等，2001）。高的受教育程度不仅意味着高的信息处理能力和区分多种外部刺激的能力，而且还意味着对创新的高接受能力（Wiersema 和 Bantel，1992）。因此，当企业核心决策人的受教育程度较高时，在位企业更可能选择较高程度的商务模式转型。因此，本研究提出：

H21：相对于核心决策人受教育程度较低的企业，核心决策人受教育程度较高的企业更倾向于较高程度的商务模式转型。

2. 核心决策人的社会资本对商务模式转型的影响

商务模式转型是企业家的一个重要决策（McGrath，2010；Demil 和 Lecocq，2010）。企业决策活动不仅依赖于企业内部企业家做出决策的过程，同时还依赖于企业能够从外部获取信息、知识和资源的过程（Cohen 和 Levinthal，1990）。Lin（1999a，1999b）基于社会资本的资源观认为，企业家拥有的社会关系越多，企业获取资源的能力越强。丰富的社会资本使得核心决策人可以获得广泛的信息和诸多资源（Cao 等，2010）。已有研究表明，为了进行商务模式转型，在位企业需要获取相关资源来构建新商务模式（Rajala 和 Westerlund，2006），且转型程度越高，对资源的需求越大（Doz 和 Kosonen，2010）。因此，企业通过社会资本获得的资源为其商务模式转型提供了资源基础（Niessen 和 Ruenzi，2010）。因此，本研究提出：

H22：相对核心决策人不拥有社会资本，核心决策人拥有社会资本的企业更倾向于较高程度的商务模式转型。

根据第三章中研究的结果，核心决策人的社会资本主要包括：企业相关行业资本、政治资本、行业协会资本。因此，本研究提出相关的子假设：

H22a：相对核心决策人不拥有相关行业资本，核心决策人拥有相关行业资本的企业更倾向于较高程度的商务模式转型。

H22b：相对核心决策人不拥有政治资本，核心决策人拥有政治资本的企业更倾向于较高程度的商务模式转型。

H22c：相对核心决策人不拥有行业协会资本，核心决策人拥有行业协会资本的企业更倾向于较高程度的商务模式转型。

3. 核心决策人的职能背景对商务模式转型的影响

核心决策人的职能背景在一定程度上决定了他或她的整合能力（Buyl 等，2011），影响核心决策人信仰结构，并影响其决策制定行为（Walsh，1988）。职能背景不同的核心决策人在企业决策制定行为方面存在差异（Hambrick，1984）。在本研究中，核心决策人职能背景主要是指管理方面的职能背景。拥有管理职能背景的核心决策人，能够更好地激励团队内部成员之间的信息交换和整合（Buyl 等，2011），不太容易受到某一专业职能背景（如生产、营销、财务等）基本倾向和陈规的影响（Bunderson 和 Sutcliffe，2002），从而促进企业决策的制定（Buyl 等，2011）。拥有某一专业职能背景（如生产、营销、财务等）的核心决策人，可能在该领域具有较强的专业技术能力和深度，但是，在做出决策时容易受到专业职能背景的影响，缺乏从大局出发的视角（Buyl 等，2011）。商务模式转型涉及企业的方方面面，甚至会触动某些利益相关者的利益，所以需要一个能够协调、控制大局的人运筹帷幄，并应对未来的种种变数。因此，一个拥有管理职能背景的核心决策人可能更倾向于进行复杂的、激进的商务模式转型。基于此，本研究提出相关的假设：

H23：相对核心决策人不拥有管理职能背景，核心决策人拥有管理职能背景的企业更倾向于选择较高程度的商务模式转型。

三、环境特征对商务模式转型的作用

商务模式对环境高度敏感（Chung 等，2004）。日益变化的环境对在位企业已有商务模式产生进行持续变革的压力（Linder 和 Cantrell，2000；Chung 等，2004）。为了适应变化的环境和保持竞争力，在位企业重新选择新的目标商务模式（Schweizer，2005；Reuver 等，2013）进行商务模式转型（Chung 等，2004；Osterwalder，2004；Osterwalder 等，2005；Morris，2009；Rupik，2009；Chen 等，2010；Wirtz 等；2010），以保持商务模式与竞争战略之间的匹配（Klang 和 Hacklin，2013）。在选择新商务模式时，在位企业可选择与其已有商务模式较为相似的模式，从而进行程度较低的商务模式转型；在位企业也可以选择与其已有商务模式相差较大的模式，从而进行程度较高的商务模式转型（Reuver 等，

2013)。而在位企业应选择什么程度的商务模式转型呢？环境为在位企业商务模式转型设定了范围（Björkdahl，2009）。随着时间的推移，当环境变化程度增大时，企业为适应环境而进行的增量商务模式变革与实际环境变化的要求差异增大，企业或者选择适应环境变化程度的商务模式，或者选择终止企业的运作（Giesen 等，2010）。因此，在不连续和破坏性创新不断以及全球市场竞争剧烈的环境下，在位企业需要更快、更经常和更深入地进行商务模式转型（Doz 和 Kosonen，2010）。

1. 环境的动态性对商务模式转型的影响

Child（1972）认为环境的动态性是环境变化的不可预见性和不稳定性，主要包括三个方面：相关环境活动变化的频率、每次变化的差异程度、模式整体变化的不规则程度。在动态的环境中，相关行业的技术不断进步，消费者的需求日益个性化，对在位企业已有商务模式带来了极大的挑战（Teece，2010），并可能失去其相对竞争优势（Wu 等，2010；Aspara 等，2011）。因此，在位企业面临商务模式转型决策的选择：是围绕已有商务模式进行商务模式转型还是选择与已有商务模式差距较大的商务模式？并且在位企业拥有一个自然的天性，即不愿意变革它们的商务模式（Chesbrough，2012）。同时，已有学者提出，在动态环境中，企业选择程度较大的转型有助于企业获取竞争优势（Levitt 和 March，1988）。在动态性日益提高的环境下，企业在制定决策时需要具有前瞻性（付悦和宁南，2014）。为了获取竞争优势及满足前瞻性的要求，环境动态性越高，企业越容易克服障碍，选择较高程度的商务模式转型。

基于以上分析，本研究提出假设：

H31：环境动态性对在位企业商务模式转型产生正向影响，即环境动态性越强，在位企业越倾向于选择较高程度的商务模式转型。

2. 环境的不友好性对商务模式转型的影响

Child（1972）、Miller 和 Friesen（1982）等学者认为环境不友好性是指由组织所处的行业竞争及其波动趋势的多样性、活跃性和强烈性带来的威胁程度。当竞争对手的产品快速变化（Miller 和 Friesen，1982）以及新商务模式不断出现的情况下，企业更可能采取较高程度的转型行为，以期保持企业的生存和发展。同时，一个下降的绩效水平，或到达一个未能满足期望的程度，可能导致在位企业选择较为激烈的转型（Child，1972）。严重的危机，如快速恶化的绩效，为企业进行剧烈的商务模式转型提供了合法性（Aspara 等，2011；Santos 等，2009）。对于在位企业来说，其商务模式转型的真正"成本"是组织转型的成本，而不是新商务模式需要的较大投资成本、研发投入和/或新技术的获得成本（Santos 等，2009）。不友好性带来的威胁程度越大，在位企业更容易克服商务模式转型的成本而确立商务模式转型的合法性，进而更倾向于选择程度较高的商务模式转型。

基于以上分析，本研究提出：

H32：环境不友好性对在位企业商务模式转型产生正向影响，即环境不友好性越强，在位企业越倾向于选择较高程度的商务模式转型。

四、环境特征对高管团队特征与商务模式转型关系的调节作用

已有的研究检验了环境对高管团队特征和企业变革之间关系的影响（Carpenter 和 Fredrickson，2001）。相关研究引入环境作为高管团队对商务模式变革影响的情景因素（Demil 和 Lecocq，2010；Konde，2009）。基于前文所述和 Child（1972）的观点，本研究分别从环境动态性和环境不友好性两个方面，研究其对高管团队特征与商务模式转型关系的影响。

1. 环境动态性对高管团队特征与商务模式转型关系的影响

基于 Child（1972）的观点，环境动态性将为商务模式转型决策带来不可预期的变化和不确定性，这将增加高管们监测环境和已有商务模式风险的任务（Demil 和 Lecocq，2010）。随着环境动态性的提高，高管团队加工信息的需求越强烈（Daft 等，1988）、需要加工的信息数量越大（Galbraith，1973）、商务模式转型的任务越复杂。

在此情景下，高管团队异质性越高，如教育背景、职能背景等，将给企业带来广泛的信息处理能力和途径（Nadolska 和 Barkema，2014）。同时，高管团队异质性增加了通过信息加工而获得新商务模式的机会（Galbraith，1973）。随着环境动态性的日益提高，商务模式转型决策的复杂性也日益增加。面临这样复杂的决策，高管团队异质性的优越性将得到较好的发挥。相反，在较为稳定的环境

中，高管团队需要处理的是标准化的信息和做出常规决策（Kotter，1986）。在此情况下，高管团队同质性的优势能够得到发挥，如凝聚力、团结等（Pfeffer，1983）。因此，环境动态性越高，高管团队异质性的优势带来的收益将超过其劣势带来的成本。同时，相关的实证研究表明，随着环境动态性的提高，高管团队异质性增强了企业战略性变革的可能性（Lant等，1992）。

基于以上所述，本研究提出：

H41：环境动态性将对高管团队异质性与商务模式转型的关系产生影响。

由于本研究提出了高管团队受教育程度的异质性、高管团队职能背景的异质性对商务模式转型的影响，因此，本研究提出H41的两个子假设：

H41a：环境动态性将对高管团队受教育程度的异质性与商务模式转型的关系产生影响，即环境动态性越高，高管团队受教育程度的异质性对商务模式转型的作用将得到增强。

H41b：环境动态性将对高管团队职能背景的异质性与商务模式转型的关系产生影响，即环境动态性越高，高管团队职能背景的异质性对商务模式转型的作用将得到增强。

在环境日益动态化的情景下，商务模式对环境高度敏感的特征（Chung等，2004）使得在位企业已有商务模式面临转型变革的压力（Linder和Cantrell，2000；Chung等，2004）。一个商务模式代表了经理人的思想，或格式塔（Hill和Jones，2007）。在位企业已有的商务模式代表原有高管团队的认知，并暗含着对这一已有模式的承诺（Johnson，2010）。对已有商务模式的承诺及其曾经带来的成功，使得原有高管团队不愿意面对新的商务模式（Sorescu等，2011），进而限制了商务模式转型。而高管团队成员流动性为企业带来了来自企业内部不同层级或来自企业外部的不同成员。在相对稳定的环境中，新老高管团队成员之间的冲突和不一致更容易协调（Wagner等，1984；Hambrick和Mason，1984）。同时，在环境动态性较高的情景下，这些新的高管团队成员对企业已有商务模式没有承诺或承诺较低（Johnson，2010），并且由于背景和经历不同，可能会拓展新商务模式的选择范围，从而有可能大大提高商务模式转型的程度（Barker等，2001）。

基于以上所述，本研究提出：

H42：环境动态性将对高管团队成员流动性与商务模式转型的关系产生影响，即环境动态性越高，高管团队成员流动性对商务模式转型的作用将得到增强。

2. 环境不友好性对高管团队特征与商务模式转型关系的影响

Child（1972）、Miller 和 Friesen（1982）等学者认为环境不友好性是指由组织所处的行业竞争及其波动趋势的多样性、活跃性和强烈性带来的威胁程度，这些是影响组织高管决策的重要因素。在环境不友好性的影响下，企业更可能采取创新性行为，以期保持企业的生存和发展（Miller 和 Friesen，1982）。环境不友好性越强及其带来的危机和威胁越大，在位企业已有商务模式越容易"过时"和失去竞争优势（Teece，2010）。环境不友好性及其带来的已有商务模式竞争优势的丧失，为商务模式转型提供了合法性（Aspara 等，2013）。

在环境不友好的情况下，商务模式转型可能需要高管团队以一个开放的方式响应，考虑新的或不寻常的选择（Keck，1997）。较高的高管团队职能背景异质性能够通过带来更广泛的观点和决策方案而促进企业转型变革（Golden 和 Zajac，2001）。但是，较高的高管团队异质性导致团队内部产生沟通障碍和冲突，从而阻碍了企业的转型变革（Sutcliffe，1994）。然而，较强的环境不友好性给企业带来的严重危机，加强了高管团队成员之间的团结，从而有利于高管团队对商务模式转型达成一致意见和形成协议（Aspara 等，2013）。在此情况下，高管团队异质性的优势得到发挥，其劣势得到一定的抑制，从而促进在位企业选择较高程度的商务模式转型。

基于此，本研究提出：

H51：环境不友好性将对高管团队异质性与商务模式转型的关系产生影响。

由于本研究提出了高管团队受教育程度的异质性、高管团队职能背景的异质性对商务模式转型的影响，因此，本研究提出 H51 的两个子假设：

H51a：环境不友好性将对高管团队受教育程度的异质性与商务模式转型的关系产生影响，即环境不友好性越高，高管团队受教育程度的异质性对商务模式转型的作用将得到增强。

H51b：环境不友好性将对高管团队职能背景的异质性与商务模式转型的关系产生影响，即环境不友好性越高，高管团队职能背景的异质性对商务模式转型的作用将得到增强。

环境不友好性为商务模式转型提供了合法性（Aspara 等，2013）。但是，基于对原有商务模式的承诺，原有高管团队不愿选择商务模式转型（Sorescu 等，2011）。而高管团队成员流动性提供了克服组织惰性（Tushman 和 Romanelli, 1985）和适应战略性变革情景（Helmich，1977）的一个重要机制（Wiersema 和 Bantel，1993）。相对不友好的环境给企业带来的严重危机，加强了高管团队成员之间的团结（Aspara 等，2013），从而可以减缓新老高管团队成员之间的矛盾造成的团队冲突（Wagner 等，1984）和可感知效率的减少（Pulakos 和 Wexley，1983）。在环境不友好的情况下，面临各种威胁和危机，替代一些高管团队成员甚至替代整个团队，可以为企业引入有关商务模式的完全不同的观点（Keck, 1997），以便企业选择程度更高的商务模式转型。

基于此，本研究提出：

H52：环境不友好性将对高管团队成员流动性与商务模式转型的关系产生影响，即环境不友好性越高，高管团队成员流动性对商务模式转型的作用将得到增强。

五、环境特征对核心决策人特征与商务模式转型关系的调节作用

相关研究表明，核心决策人（或 CEO）的特征对企业战略性决策制定的影响，受到环境情景的调节（Papadakis 和 Barwise，2002）。由于本研究将环境分为环境动态性和环境不友好性，下文将分别从这两个维度来探讨环境对核心决策人特征与商务模式转型关系的影响。

1. 环境动态性对核心决策人特征与商务模式转型关系的影响

Child（1972）认为环境的动态性主要包括三个方面：相关环境活动变化的频率、每次变化的差异程度、模式整体变化的不规则程度，环境变化是组织决策者面临的主要不确定因素，并进一步认为环境变化的程度与企业的运行相关。

在商务模式对环境具有高度敏感性（Chung 等，2004）的基础上，Provance 等（2011）进一步认为企业商务模式受环境、企业家及利益相关者的影响。面对环境的动态性，在位企业已有的商务模式可能无法适应新的环境，将促使在位企

业经理人重新考虑商务模式（Cagnina 和 Poian，2009）。相对受教育程度较低的核心决策人（或 CEO），受育程度较高的核心决策人（或 CEO）具有更加开放的变革态度（Wiersema 和 Bantel，1992）。在环境动态性带来大量信息和转型需求的情况下，拥有较高教育程度的核心决策人（或 CEO）更倾向于选择程度较高的商务模式转型。

核心决策人的职能背景对企业的战略性决策产生较大影响，而环境的动态性将调节这一关系（Hambrick 和 Mason，1984）。核心决策人拥有管理职能背景，便于掌控大局，促进企业做出重大决策（Buyl 等，2011）。在环境动态性的影响下，企业原有商务模式面临"过时"（Teece，2010）的风险。在此情境下，核心决策人拥有管理职能背景，将促进企业选择程度更高的商务模式转型。

核心决策人拥有丰富的社会资本可以使其获得关于企业内外部环境的丰富信息，加深对环境的理解（Cao 等，2010）。在动态性的环境下，这将便于核心决策人捕捉行业内外出现的新商务模式及其发展趋势，从而为企业提供商务模式转型更具竞争力的选择。同时，核心决策人拥有丰富的社会资本能够提高企业获取资源的能力（Lin，1999a，1999b）。在动态的环境下，这些获得的资源能够为核心决策人做出商务模式转型决策提供更为宽松的资源环境，进而促使核心决策人选择程度较高的商务模式转型。

根据以上所述，本研究提出：

H6：环境动态性对核心决策人特征与商务模式转型的关系产生影响。

H61：在核心决策人拥有较高受教育程度的情况下，环境动态性越高，核心决策人拥有的较高受教育程度对商务模式转型的影响将显著增强。

H62：在核心决策人拥有社会资本的情况下，环境动态性越高，核心决策人拥有的社会资本对商务模式转型的影响将显著增强。

根据第三章中研究的结果，核心决策人的社会资本主要包括：企业相关行业资本、行业协会资本、政治资本。因此，本研究提出相关的子假设：

H62a：在核心决策人拥有相关行业资本的情况下，环境动态性越高，核心决策人拥有的相关行业资本对商务模式转型的影响将显著增强。

H62b：在核心决策人拥有行业协会资本的情况下，环境动态性越高，核心决策人拥有的行业协会资本对商务模式转型的影响将显著增强。

H62c：在核心决策人拥有政治资本的情况下，环境动态性越高，核心决策人拥有的政治资本对商务模式转型的影响将显著增强。

H63：在核心决策人拥有管理职能背景的情况下，环境动态性越高，核心决策人拥有的管理职能背景对商务模式转型的影响将显著增强。

2. 环境不友好性对核心决策人特征与商务模式转型关系的影响

环境不友好性给企业带来了更多的威胁，并进一步影响企业战略性决策（Child，1972；Miller 和 Friesen，1982）。环境不友好性已经被证明影响核心决策人（CEO）的决策制定（Miller 和 Toulouse，1986；Papadakis 和 Barwise，2002），进而可能对商务模式转型决策产生影响。

环境不友好性带来的危机和威胁，将使企业陷入复杂、困难的境地（Child，1972；Miller 和 Friesen，1982）。相关研究表明，高的受教育程度与拥有信息处理的高能力、对环境模糊的高容忍度、管理复杂性的高能力相关（Schroder 等，1967；Hambrick，1981）。因此，环境不友好性的增加，将促使拥有较高受教育程度的核心决策人选择程度较高的商务模式转型。

在环境不友好性给企业经营带来困难甚至危机的情况下（Child，1972；Miller 和 Friesen，1982），相对不拥有管理职能背景的核心决策人，拥有管理职能背景的核心决策人更能把握全局，协调复杂的团队成员关系（Buyl 等，2011），从而促使企业选择程度较高的商务模式转型。

环境不友好性为企业进行商务模式转型提供了合法性（Aspara 等，2013）。企业获取和拥有的资源对商务模式转型具有较大的影响（Rajala 和 Westerlund，2006）。相对社会资本不丰富的核心决策人，拥有丰富社会资本的核心决策人将能够为企业带来更多的资源（Lin，1999a，199b）。因此，环境不友好性的增加，将促使拥有丰富社会资本的核心决策人选择程度较高的商务模式转型。

根据以上所述，本研究提出：

H7：环境不友好性对核心决策人特征与商务模式转型的关系产生影响。

H71：在核心决策人拥有较高受教育程度的情况下，环境不友好性越高，核心决策人拥有的较高受教育程度对商务模式转型的影响将显著增强。

H72：在核心决策人拥有社会资本的情况下，环境不友好性越高，核心决策人拥有的社会资本对商务模式转型的影响将显著增强。

根据第三章中研究的结果，核心决策人的社会资本主要包括：企业相关行业资本、行业协会资本、政治资本。因此，本研究提出相关的子假设：

H72a：在核心决策人拥有相关行业资本的情况下，环境不友好性越高，核心决策人拥有的相关行业资本对商务模式转型的影响将显著增强。

H72b：在核心决策人拥有行业协会资本的情况下，环境不友好性越高，核心决策人拥有的行业协会资本对商务模式转型的影响将显著增强。

H72c：在核心决策人拥有政治资本的情况下，环境不友好性越高，核心决策人拥有的政治资本对商务模式转型的影响将显著增强。

H73：在核心决策人拥有管理职能背景的情况下，环境不友好性越高，核心决策人拥有的管理职能背景对商务模式转型的影响将显著增强。

第二节　测量变量

一、商务模式转型的测量

1. 商务模式转型测量方法的选择

基于本研究对商务模式转型的定义，商务模式转型的测量有两种方式：第一种是基于商务模式类型的测量，即通过辨识商务模式类型而确定商务模式的转型；第二种是基于商务模式构成要素的测量，即基于商务模式构成要素的转型进行测量。

第一，基于商务模式类型的测量。Malone 等（2006）从企业的视角提出 16 种商务模式类型，并基于这些类型对 1998~2002 年美国经济中的 10970 个上市企业的商务模式所属类型进行了辨识。Amit 和 Zott（2001）针对互联网企业，基于设计主题将商务模式划分为四种类型，之后，他们在 2008 年进行定量研究时，只研究了以效率为中心的商务模式和以新颖为中心的商务模式两种类型,并开发了相关的量表。Rajala(2009b)针对软件企业,将商务模式划分为顾客接近的商务模式和产品同质性的商务模式,并开发了相关的量表。以上学者的研究中,Malone 等人(2006)的分类比较具有普遍意义,但是其将商务模式分为 16 种,而且有两种类型由于法律问题具有不合法性;同时其所研究的企业历史较为悠久,如 IBM、通用等企业,这些在中国不具有普遍性。另外,Amit 和 Zott (2001)、Rajala(2009b)对商务模式进行的分类,是针对某个行业而提出的个人观点。正如 Malone 等人(2006)所述,他们在分类时遵守了以下标准:①类型应该是直觉敏感的;②类型应该是集中穷尽,相互排除;③类型应该有结构效度;④类型应该概念优美。由于商务模式的复杂性,当前比较难以找到合适的商务模式类型作为商务模式转型测量的基础。

第二,基于商务模式构成要素的测量。Reuver 等(2009)在分析商务模式的动态性时,提出商务模式的动态性是通过商务模式的组成要素而展现的,这些要素包括企业提供的产品/服务、技术构成、组织结构和财务构成等。郭毅夫(2010)从价值主张、价值创造、价值传递、价值网络、界面规则五个要素出发,开发了商务(业)模式创新的量表。Wirtz 等(2010)按照商务模式要素,从价值提供物(可市场化的产品或服务)、分销领域(产品和服务如何到达消费者)、资源模型(企业需要的资源)和收入模型(收入如何产生和从商业伙伴那里获取的方式)四个方面来描述商务模式需要变革的内容。Camisón 和 López(2010)采用组织结构、多元化程度(产品/市场部门)、价值链活动管理(垂直一体化还是合作)作为商务模式的三个构面,对三个构面设计相关的题项,以辨识商务模式。

同时,Bergh 和 Fairbank(2002)在研究战略管理领域中有关变革的测量和验证时,总结相关测量和验证变革的方法主要有五种,即简单差异法、残差法、实际变革法、要素法和成长曲线法,并阐述了这些方法的适用条件、优势和劣势。各种可选择的方法总结如表 4-1 所示。

综合以上学者的研究,考虑到商务模式类型划分的难度,本研究采用商务模式的构成要素作为商务模式转型程度的测度方法。

表 4-1 战略管理领域测量和验证变革的总体可选择的方法

方　法	适用条件	优　势	劣　势
1. 简单差异法	子变量是高的可靠性、低相关	直观，概念简单	易出现错误
2. 残差（Residual）法	可预期的变化是核心，而不是实际的变化	C 和 X_1 之间偏相关	没有测量实际的变革
3. 实际变革法	概念性的变革是简单的差异，C 和 X_1 是高度相关的	偏相关，概念直观	需要较高的可靠性和大样本 n
4. 要素法	验证要素，而不仅仅是变革的分值	能够克服问题的简单差异方法	可能与一些概念逻辑不一致
5. 成长曲线法	描述变革	变革的形式和类型	不能适用于两组数据的情况

资料来源：Bergh D. D., Fairbank J. F.. Measuring and Testing Change in Strategic Management Research [J]. Strategic Management Journal, 2002 (23)：359–366.

2. 商务模式转型测量维度、量表的确定

在确定采用商务模式构成要素作为商务模式转型测量方法之后，本研究需要确定商务模式转型的测量维度及量表。当前商务模式的研究中定量研究不够丰富，主要的原因是商务模式太过复杂和难以驾驭（Casadesus-Masanell 和 Ricart，2010），商务模式的构成要素众说纷纭，难以找到商务模式可视化的表征测量商务模式。因此，确定合适的商务模式测量方式，是开展大规模实证研究的迫切要求。为此，本研究通过对相关文献的梳理，将当前有限的定量研究中有关商务模式的测量总结如表 4-2 所示。

表 4-2 相关学者对商务模式测量的总结

作　者	测量标准（或测量维度）	测量方法
Ordanini 等（2004）	内容（中小企业或大企业；企业的性质——水平或垂直）、结构（收入模型，即来自交易的收入份额；服务组合，即电子交易的存在，提供的服务）、治理（利益相关者，即已建立企业的资本拥有者）	以意大利 B2B 的欧洲交易为研究对象，调查了 32 个数字交易，通过问卷法收集数据
Hayes 和 Finnegan (2005)	经济控制程度（产品市场特征、产品特征、顾客特征、投入要素特征）、职能整合（生产、服务、渠道、财务等）、供应链/价值链整合（预测、销售管理、成本管理、库存管理）、创新（内部 IT 的应用程度和外部创新）、采购（原材料、初级产品、成品）	利用李克特五级量表，由经理人来进行主观判断，以评估商务模式

续表

作　者	测量标准（或测量维度）	测量方法
Lee（2005）	价值共同制造的潜力、可感知的交易特征、二者的交互性	价值共同制造的潜力是作者通过1/0量表，通过进入177个网站进行调查而获得数据；可感知的交易特征是由两个挑选得当的、受过训练的评估员，利用李克特五级量表，进入177个网站进行评估而获得相关的数据
Bigliardi等（2005）	年限、规模、使用生物技术的新颖程度、研发的整合程度、工业化程度或部门服务的水平	通过问卷调查法，获得意大利生物技术行业企业的100份问卷，利用所获得的数据进行聚类分析
Malone等（2006）	以企业所销售的权利类型和销售所涉及的资产类型作为辨识商务模式类型的标准	2000家公司中的前1000家，是通过选择相关的编码者，基于两个辨识标准进行主观判断而进行分类；剩余的1000家是通过采用计算机程序而进行辨识
Zott和Amit（2007，2008）	基于商务模式设计的主题——以效率为中心还是以新颖为中心而分别设计量表，以此作为测量标准	采用问卷调查法，利用李克特四级量表收集数据，由被调查者进行辨识
Wirtz等（2010）	从价值主张和收入两个维度进行测量	利用李克特七级量表获得Web2.0现象因素对四种商务模式类型影响的数据
Pries和PaulGulid（2011）	从技术的商业化和对技术知识产权的所有权两个维度进行测量	采用问卷调查法，利用李克特五级量表收集数据，进行聚类分析
Camisón和López（2010）	从组织结构、多元化的程度（产品/市场部门）、价值链活动的管理（垂直一体化还是合作）三个维度进行测量	利用李克特七级量表，对西班牙的相关行业进行问卷调查，利用所获得的数据进行聚类分析
王翔等（2009）	以价值链覆盖范围（资源型、冶炼型、加工型和一体化）、核心资产（有形、无形类和运作）、目标市场范围（国内主导、内外兼顾）和资本结构（保守型、稳健型、风险型）四个维度作为测量标准	根据中国有色金属上市样本企业公开报表中相关定量指标值在四个维度上分别进行类别划分，然后将四个维度分类结果进行组合得出各样本企业所属的商务（业）模式类型

资料来源：本研究根据相关文献整理。

基于表4-2中相关研究对商务模式测量标准和方法的总结，本研究发现：第一，商务模式构成要素是商务模式表征的主要依据；第二，商务模式相关类型的辨识以商务模式的构成要素为依据，同时，商务模式相关类型的辨识是进行定量研究的重要环节；第三，当前定量研究所采用的数据以根据二手数据分析获得的数据和通过问卷调查法获得的数据为主，评价的标准以李克特量表评估为主。

结合以上学者的研究，基于本研究的研究目的，考虑到价值保持主要是商务模式相关的风险，并且以潜在的风险为主，在其未爆发之前，比较难以察觉，因此，本研究主要从价值主张、价值支撑两个方面确定商务模式转型程度的测量指标（如表 4-3 所示），并以此作为下文案例调查法中的编码依据。

表 4-3 商务模式转型程度的测量及依据

维度	子维度	依据	题号	题项
价值主张的转变	目标顾客的转变	Hayes 和 Finnegan（2005）	A11	与转型前相比，企业设定的目标客户群体的变化程度
			A12	与转型前相比，企业设定的目标市场区域范围的变化程度
	企业向顾客传达的价值理念转变	Wirtz 等（2010）	A21	与转型前相比，企业向顾客传达的价值理念的变化程度
	产品/服务组合等方面的调整与转变	Hayes 和 Finnegan（2005）；Camisón 和 López（2010）	A31	与转型前相比，企业所提供的产品/服务组合的变化程度
价值支撑的转变	业务流程的调整与转变	Camisón 和 López（2010）	B11	与转型前相比，企业生产/服务过程所需要资源的变化程度
			B12	与转型前相比，企业所从事的价值链环节的变化程度
			B13	与转型前相比，企业所从事的价值链链条的变化程度
			B14	与转型前相比，企业生产/服务过程的变化程度
	组织结构的调整与转变	Camisón 和 López（2010）	B21	与转型前相比，企业组织结构的变化程度
	研发投入的调整与转变	Bigliardi 等（2005）	B31	与转型前相比，企业研发方向的变化程度
			B32	与转型前相比，企业研发费用的变化程度
	营销方面的调整与转变	Hayes 和 Finnegan（2005）；Ordanini 等（2004）	B41	与转型前相比，企业销售费用的变化程度
			B42	与转型前相比，企业品牌塑造策略的变化程度
			B43	与转型前相比，企业销售（渠道）模式的变化程度
	合作关系的调整与转变	Hayes 和 Finnegan（2005）；Ordanini 等（2004）	B51	与转型前相比，企业与主要供应商关系的变化程度
			B52	与转型前相比，企业与主要客户关系的变化程度
			B53	与转型前相比，企业与竞争对手关系的变化程度
	收入来源结构的调整与转变	Hayes 和 Finnegan（2005）；Wirtz 等（2010）；Malone 等（2006）	B61	与转型前相比，企业收入结构的变化程度

资料来源：笔者整理。

二、环境的测量

根据案例分析的结果和相关学者的研究,将环境变量分为环境动态性和环境不友好性两个方面(Child,1972)。

关于环境动态性的测量主要有两种方法:①以 Bourgeois(1985)为代表的相关学者采用变异系数法,即采用行业销售收入在某一时间点的标准差与该行业销售收入的均值;②以 Miller 和 Friesen(1982)为代表的相关学者通过制定环境动态性的测量量表进行测量。由于本研究的大样本实证研究采用二手资料收集数据,所以选择以 Bourgeois(1985)为代表的学者所采用的变异系数法。在通过计算变异系数测量环境动态性时,一些学者采用企业某个时间段内主营业务收入的变异系数进行测量(曾德明等,2004)。本研究对样本企业的观察期间为 2007~2010 年,因此,本研究选择样本企业 2007~2010 年主营业务收入的变异系数,即四年主营业务收入的标准差与平均值之比。该变异系数越大,表明环境动态性越高。

关于环境不友好性的测量方法,以 Miller 和 Friesen(1982)为代表的相关学者通过制定环境不友好性的测量量表进行测量。环境不友好性包括行业增长潜力、行业竞争状况、企业面临的危机等方面。本研究对所选择企业的观察期为 2007~2010 年,这一时期企业面临内外交困的局面(外部主要是金融危机,内部主要是各种成本上升)。结合这一时期环境的独特性,沿用 Barker 和 Duhaime(1997)的观点,本研究采用企业转型前一年度的 ROE 作为环境不友好性的测量指标,若相关企业转型前一年度 ROE 的数据缺失,则采用该企业 2007 年的 ROE 来代替。该数值越大,表明环境不友好性越低。

环境动态性和环境不友好性测量过程中所采用的相关数据主要来源于 RESSET 数据库、CSMAR 数据库、Wind 数据库,部分缺失的数据通过查找相关年报及公司公告获得。

三、高管团队的测量

自 Hambrick 和 Mason(1984)提出高阶理论(Upper Echelons)之后,相关

学者开始从事高管团队领域的研究。根据研究目的和数据可获得性，不同学者采用不同的方法对高管团队进行了不同的界定。Hambrick 等（1996）将高管团队界定为所有职位在副总以上的执行官（如高级副总、副董事长、CEO）。Haleblian 和 Finkelstein（1993）将高管团队界定为既是董事会成员又是公司主管的人员总和。对高管团队界定的不同，在一定程度上造成了研究结论的不一致（Pitcher 和 Smith，2001）。基于以上学者的观点，结合研究目的和数据的可获得性，本研究沿用 Hambrick 等（1996）的研究成果，参考张平和蓝海林（2005）的观点，将高管团队界定为上市公司的董事长、副董事长、总经理（CEO）、副总经理（Vice CEO）、总会计师、财务总监、总工程师等高级管理人员。

1. 高管团队受教育程度异质性的测量

受教育程度是根据受测者所受正规教育而获得的最高学历进行测量。结合相关学者的研究（张平和蓝海林，2005）、相关上市公司数据库的说明，本研究将受教育程度的测量分为：1=高中/中专及其以下，2=大专，3=本科，4=硕士研究生，5=博士研究生，数值为 1~5，数值越大，代表受教育程度越高。根据张平和蓝海林（2005）的总结，本研究采用 Blan（1977）提出的赫梵德—赫斯曼（Herfindal-Hirschman）系数——Blan 系数，计算高管团队受教育程度异质性。Blan 系数的计算公式为：$H = 1 - \sum_{1}^{n} p_i^2$，其中，$P_i$ 是团队中第 i 类受教育程度的高管团队成员人数占高管团队成员总数的百分比，H 值介于 0~1 之间，H 值越大，说明高管团队受教育程度异质性越高。

2. 高管团队职能背景异质性的测量

对于高管团队成员职能背景的分类，相关学者提出了不同观点。Hambrick 等（1996）将高管团队成员的职能背景分为 14 类，即 CEO、首席运营官、金融、计划、人力资源、公关、董事会/总经理秘书、辅助运营活动、营销/销售/服务、信息系统、国际化、基本运营活动、行政及其他。Tihanyi 等（2000）将高管团队成员的职能背景分为 7 类，即行政、工程、财务、营销与公关、研发、生产制造和法律。本研究结合以上学者的观点，将职能背景分为生产、研发、人力资源、营销、金融、法律和综合管理等。生产方面的辨识主要依据其与生产相关的工作经历；研发方面的辨识主要依据其与技术开发、工程及其相关方面的专门研究的工作经历；人力资源方面的辨识主要依据其与人力资源相关的工作经历；营销方面的辨识主要依据其与市场方面相关的工作经历；金融方面的辨识主要依据其与财务、会计、银行、证券、基金、风险投资方面相关的工作经历；法律方面的辨识主要依据其与律师、法律顾问、法官、检察官等司法方面相关的工作经历；综合管理方面的辨识主要是依据有没有清晰的专业职能背景，如总经理、董事长、政府官员、大学教授（非技术类）等。

由于高管团队成员的职能背景会出现前后不一致的情况，根据 Hambrick 等（1996）的处理方法，以高管团队成员工作时间最长的职业作为其职能背景分类的依据。由于一些企业在财务报告中对相关成员的工作经历介绍简单，这将导致职能背景的数据与真实情况之间存在一定的偏差。为此，本研究通过采用互联网搜索工具，尽可能地获得高管团队成员职能背景的详细信息。

在研究高管团队职能背景异质性时，Hambrick 等（1996）、张平和蓝海林（2005）、谢绚丽和赵胜利（2011）均采用 Blan 系数计算高管团队职能背景异质性。本研究也采用 Blan 系数计算高管团队职能背景异质性，Blan 系数的计算公式为：$H = 1 - \sum_{i=1}^{n} p_i^2$，其中，$P_i$ 是团队中第 i 类职能背景的高管团队成员占高管团队人员总数的百分比，H 值介于 0~1 之间，H 值越大，说明高管团队职能背景异质性越高。

3. 高管团队流动性程度的测量

高管团队的流动性包括两个方面：一是高管团队成员的更替；二是高管团队规模的调整，即成员的增加或减少。针对高管团队更替的测量，沿用 Barker 和 Patterson（1996）的测量方法，本研究将高管团队成员的更替定义为企业的高管团队成员终止担任职务或者被迫辞去职务，并将高管团队中每个职位更换一人次计为"1"；然后根据转型开始当年与前一年的高管团队成员任职情况对比，确定每个职位是否进行了人员更替，将高管团队成员更替的数目进行加总，所得总和即为高管团队成员更替的测量。针对高管团队规模的变化，每增加或减少一个成员计为"1"；然后根据转型开始当年与前一年的高管团队成员总数对比，将高管团队成员增加或减少的人次进行加总，所得总和即为高管团队规模调整的测量。

最后，高管团队更替的测量数值与高管团队规模调整的测量数值加总所得数值，与转型前一年末高管团队成员总人数进行相除，二者的比值作为高管团队成员流动性的测量结果，该数值介于0~1之间，且该数值越大，表明高管团队成员流动性越大。

以上高管团队的相关数据主要来源于 RESSET 数据库、CSMAR 数据库、Wind 数据库，部分缺失的数据通过查找相关年报及百度、新浪财经、巨潮等网站获得。

四、企业核心决策人的测量

中小企业所有者对企业经营管理介入程度比较高（谢绚丽和赵胜利，2011）。因此，本研究将核心决策人界定为企业最重要的决策人，对企业的经营成果负有重大责任，核心决策人的职位头衔主要是董事长或总经理，或二者兼任。在具体研究中，核心决策人需要根据企业具体情况来确定。

1. 核心决策人受教育程度的测量

受教育程度是根据受测者所受正规教育而获得的最高学历进行测量。结合相关学者的研究、相关上市公司数据库的说明，本研究将受教育程度分为：高中或中专及其以下、大专、本科、硕士研究生和博士研究生。本研究将核心决策人受教育程度以硕士研究生为界，硕士研究生及其以上学历为"1"，其他为"0"。

2. 核心决策人社会资本的测量

基于周小虎和陈传明（2004）、边燕杰和丘海雄（2000）的观点，本研究将核心决策人的社会资本界定为以核心决策人个体为中心，与组织外部的相关个体、社会组织、政府之间形成的关系，这些关系纽带可以为企业带来资源和各种实际的或潜力的利益。

Peng 和 Luo（2000）在研究中国企业家的社会关系时，提出通过企业家与供应商、客户以及同行业企业关系，企业家与政府关系等方面测量社会资本，这一方法得到了战略管理领域相当一部分学者的认可。丘海雄和徐建牛（2004）、吴军民（2005）、Li 等（2006）、陈爽英等（2010）等采用协会资本和政治资本作为企业核心决策人社会资本的测量依据。基于以上学者的观点，本研究从政治资本、协会资本和相关行业资本三个方面对核心决策人的社会资本进行测量。

（1）政治资本的测量。Li 等（2006）认为中国企业家担任各级人大代表或各级政协委员是其参政议政最直接的方式。参考陈爽英等（2010）的观点，本研究以企业核心决策人是否担任人大代表或政协委员来测量企业核心决策人的政治资本，其中，人大代表或政协委员包括县（区）、市（自治州）、省（自治区、直辖市）、全国等各级人大代表或政协委员，若是，则为"1"，若否，则为"0"，若同时兼任多个级别的人大代表或政协委员，仍确定为"1"。

（2）协会资本的测量。根据丘海雄和徐建牛（2004）、吴军民（2005）的观点，企业家参与的行业协会越多，与各级行业协会的联系越紧密，其社会资本量越大。因此，本研究以企业核心决策人是否参加行业协会（或理事单位）作为企业核心决策人协会资本的测量方式，若是，则为"1"，若否，则为"0"，若同时兼任多个级别的行业协会职务，或同时兼任多个行业协会成员或职务，仍确定为"1"。

（3）相关行业资本的测量。基于 Peng 和 Luo（2000）以企业家与其他企业的关系来测量企业家的社会关系，本研究以企业核心决策人是否有在客户、供应商、竞争对手等企业的工作经历来测量企业核心决策人与相关行业企业的关系，若是，则为"1"，若否，则为"0"，若同时兼有在客户、供应商、竞争对手等企业的工作经历，仍为"1"。

3. 核心决策人职能背景的测量

结合前文所述，本研究主要测量核心决策人的职能背景是否为担任管理岗位，这些管理岗位主要是部门经理、总经理、董事长、政府官员等，若是，则为"1"，若否，则为"0"。

由于企业核心决策人的职能背景会出现前后不一致的情况，本研究采用 Hambrick 等（1996）的处理方法，以企业核心决策人工作时间最长的工作岗位作为其职能背景分类的依据。

相关数据主要来源于 RESSET 数据库、CSMAR 数据库、Wind 数据库，部分缺失的数据通过查找相关年报及百度、新浪财经、巨潮等网站获得。

五、企业绩效的测量

1. 本研究对企业绩效指标和时间维度的选择

有关企业绩效的衡量，不同的学者从不同的测量指标和不同的数据来源进行度量。相关数据来源主要有两种途径：一种是上市公司公布的财务数据和股票市场上股票方面的客观数据；另一种是问卷调查获得的主观数据（Dess 和 Robinson，1984；Brush 和 Vanderwerf，1992）。有关这两种数据来源的优劣，Dess 和 Robinson（1984）、Brush 和 Vanderwerf（1992）通过定量研究证明，通过问卷调查获得的主观组织绩效数据与公司报告的客观组织绩效数据之间存在很强的正向关系。因此，这两种绩效数据都是可靠的。Brush 和 Vanderwerf（1992）进一步指出，对于研究者来说，采用哪一种数据来源需要平衡成本、时间、各种数据和收集方法、绩效信息采用的精确程度等。

在研究商务模式与企业绩效关系时，相关学者采用的绩效衡量指标有很大的差异。Lee（2005）在研究电子商务模式的绩效时，认为在电子商务领域利用传统的绩效测量方式（如财务数据或股票市场绩效）是不正确的，因而采用网站的链接流确定"访问量"和"网页浏览"作为绩效的测量方式。Malone 等（2006）、王翔等（2010）在研究商务模式与企业绩效之间的关系时，采用客观财务数据，从盈利能力、运营效率、市场价值和成长性等方面来测量企业绩效。Zott 和 Amit（2007）在研究商务模式设计对企业绩效的影响时，采用的测量指标只有一个，即企业的市场价值。而李东等（2010）在研究商务（业）模式性能对企业业绩持续性的影响时，利用上市公司的公开资料，通过样本企业业绩波动水平进行主观判定，从而对企业业绩持续性进行测量。Murphy 等（1996）选择 52 篇以绩效作为因变量而开展了实证研究的文章，经过分析发现 52 篇文章中的 71%使用了多个指标（4 个左右）。相关学者的研究表明，绩效用多个指标来测量是较为全面的一种方法。因此，本研究采用多个指标来测量企业绩效，即从市场价值和盈利能力两个方面进行测量。

在测量的时间维度上，相关学者对绩效进行测量时，多采用纵向对比的方式，如 Zott 和 Amit（2007）采用企业 1999 年与 2000 年的相关数据进行对比而实现对企业绩效的测量；Malone 等（2006）对企业绩效的衡量采用了确定商务模式类型年份的下一年度财务数据，经过运算来实现对企业绩效的测量。商务模式转型是一个与时间相关的概念，商务模式转型的效果很难在转型开始当年显现，转型结束年份的企业经营成果也难以全面呈现转型的效果。因此，本研究采用两种方式兼顾长期绩效和短期绩效，一种方式是采用样本企业转型后一年的绩效、转型后两年的绩效；另一种方式是采用样本企业 2011 年的绩效、2012 年的绩效及 2011~2013 年绩效的均值。

2. 企业绩效的测量

本研究从盈利能力和市场价值两个方面进行测量：

（1）盈利能力测量。基于 Malone 等（2006）、王翔等（2010）等学者的研究，本研究采用 ROE 作为盈利能力的测量指标，相关数据主要来源于 RESSET 数据库、CSMAR 数据库、Wind 数据库等。本研究分别采用样本企业在转型后一年的 ROE、转型后两年的 ROE，以及样本企业在 2011 年的 ROE、2012 年的 ROE 及 2011~2013 年 ROE 的均值。在以上数据库中，若相关企业 ROE 数据缺失，首先，查看当年的年报与下一年度年报中披露的数据，以及相关公告是否有修正；其次，若相关年报缺失，则以下一年度的相关数据替代。

（2）市场价值的测量。基于 Malone 等（2006）、王翔等（2010）的研究，本研究采用托宾 Q 值作为企业市场价值的测量指标，相关数据主要来源于 RESSET 数据库、CSMAR 数据库、Wind 数据库。本研究分别采用样本企业在转型后一年的托宾 Q 值、转型后两年的托宾 Q 值，以及样本企业在 2011 年的托宾 Q 值、2012 年的托宾 Q 值和 2011~2013 年托宾 Q 值的均值。在以上数据库中，若相关企业托宾 Q 值数据缺失，首先，查看当年的年报与下一年度年报中披露的数据，以及相关公告是否有修正；其次，若相关年报缺失，则以下一年度的相关数据替代。

六、案例控制变量选择

案例调查法有利于研究者检验案例自身相关的特征对相关结果的影响，但是在评估案例是什么时间发生和如何发生时，潜在地存在有偏估计（Larsson 和

Finkelstein，1999）。根据本研究的样本特征和本研究的问题，结合 Larsson 和 Finkelstein（1999）的观点，本研究采用案例企业上市年限控制不可预期的影响，即从上市年份至 2010 年之间经历的年数。相关数据主要是通过深圳证券交易所中小板网站的相关数据及所收集的年报而获得。

金融危机。考虑到本研究观察期 2007~2010 年发生了金融危机，为控制金融危机的影响，本研究以企业商务模式转型起始年份是否为 2008 年和 2009 年作为测量值，若是，则为"1"，若否，则为"0"。

高管团队规模。根据 Hambrick 等（1996）对高管团队的界定，本研究采用转型起始年份的高管团队总人数作为测量值。

企业规模。本研究采用转型起始年份企业资产总额的自然对数作为测量值。

CEO 兼任董事长。本研究采用转型起始年份 CEO 是否兼任董事长作为控制变量之一，若 CEO 兼任董事长，则为"1"，若否，则为"0"。

第三节　研究方法与数据的收集

一、案例调查法

工商管理实证研究方法主要包括问卷调查法、实验法和案例研究法。问卷调查法容易获得大样本数据，但是比较容易屏蔽具体的情景；而案例分析法具有较强的背景性，但是可以获得的样本量有限（苏敬勤和崔淼，2010）。案例调查法是一种不昂贵且非常有力的方法（Lucas，1974），这种方法非常适用于案例研究居于主导地位的研究领域（Yin 和 Heald，1975）、分析单元是组织、涉及利益较广（Jauch 等，1980）、实验设计不可能或不能够获取与管理者实践相关的情景（Bullock 和 Tubbs，1987）等状况。根据 Larsson（1993）的观点，案例调查法在问卷调查法和案例研究法之间架起了桥梁，将它们的优点综合起来，既可以实现横截面分析，又可以实现纵向过程分析。数据的收集是实证研究的关键步骤。

Mintzberg 等（1976）、Miller 和 Friesen（1977，1980a，1980b）、Larsson 和 Finkelstein（1999）等学者通过案例调查法收集数据来研究复杂的企业管理问题（如并购的绩效等）。在商务模式研究领域，Reuver 等（2009）采用案例调查法收集数据，定量地研究了外部环境与商务模式动态性之间的关系。根据本书的研究问题，结合相关学者对案例调查法的研究及应用情况，本研究采用案例调查法收集数据。

1. 案例调查法的优势

Yin 和 Heald（1975）、Larsson（1993）、Larsson 和 Finkelstein（1999）等学者认为案例调查法的优势主要包括以下方面：

第一，案例调查法能够实现案例的情景深度。案例调查法通过对丰富复杂数据的分析，可以克服问卷调查法无法呈现发展的过程和情景深度的缺陷。

第二，案例调查法能够实现大样本。案例调查法将大量的相关案例整合成为研究的较大样本，可以克服单案例研究无法实现大样本的缺陷。

第三，案例调查法具有可复制性和信度。

第四，案例调查法可以实现纵向分析。研究者使用案例调查法，通过将案例企业的某个时间段纳入研究，可以实现主动地控制和分析案例企业如何随时间而发生变化。

第五，案例调查法拥有清晰的选择标准。案例调查法需要建立案例库，研究者确定符合研究问题的案例标准，根据这些标准选择符合要求的案例并将其纳入案例库。

第六，案例调查法在定性研究和定量研究之间建立了桥梁。

2. 案例调查法的劣势

案例调查法存在一些缺陷（Bullock 和 Tubbs，1987；Yin，1981；Yin 和 Heald，1975）。案例调查法中，编码必须将案例中包含的信息简单化、数字化。通过数据化，该方法在主观的丰富性和客观的一般性之间架起了桥梁（Yin 和 Heald，1975；Larsson，1993；Larsson 和 Finkelstein，1999）。但是，如何提高信息数据化评级的效率、如何提高信息与数据化评级之间的一致性，将是研究者面临的重要挑战。

针对案例调查法的缺陷，本研究通过对编码手册的编写、多个编码者的编码来提高数据与丰富信息的一致性。

3. 案例调查法的基本程序

根据 Larsson（1993）的观点，案例调查法的基本程序如图 4-1 所示：第一，根据研究问题，选择样本；第二，编制编码手册以实现将定性的案例描述转换为量化的数字；第三，使用不同的编码者对案例进行编码；第四，测量编码的信度；第五，对编码的数据进行统计分析。本研究接下来的部分将遵循这五个步骤。

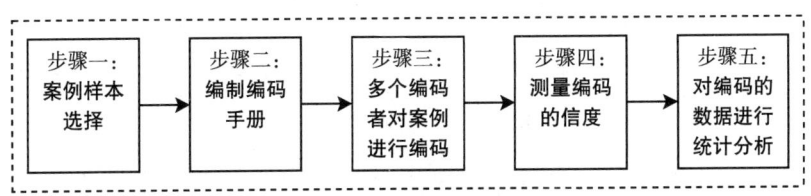

图 4-1 案例调查法的流程

资料来源：Larsson R.. Case Survey Methodology: Quantitative Analysis of Patterns Across Case Studies[J]. Academy of Management Journal, 1993, 36（6）：1515-1546.

二、案例样本的选择

1. 案例企业类型的选择

相对于大型企业，中小企业一般规模不太大，中小企业所有者对企业经营管理介入程度比较高（谢绚丽和赵胜利，2011），所有者有足够的动力发展企业，并且对商务（业）模式选择较为灵活（文亮，2011）。本研究的样本企业从深圳证券交易所中小企业板上市企业中进行选择。深交所设立中小企业板块的宗旨是为主业突出、具有成长性和科技含量的中小企业提供直接融资平台。①中小企业板上市企业主业突出排除了过度多元化带来的干扰，便于重点研究其商务模式的动态性。

2. 时间跨度的选择

Malone 等（2006）对 1998~2002 年美国所有上市公司的商务模式进行研究时发现，五年间不同类型的商务模式数量发生了变化，有些类型的商务模式在增

---

① http：//finance.sina.com.cn/roll/20040811/0605939575.shtml.

加，有些类型的商务模式在减少。这一发现表明，五年时间可以观察到企业商务模式类型的改变。Wiersema 和 Bantel（1992）在选取 1980 年财富 500 强中的 100 家企业，并利用公开资料研究企业战略变革时，所选择的研究时间区间为 1980~1983 年，并进一步指出四年期间足够反映 1980 年间企业在任高管团队的行为。以上学者的相关研究表明，四年的时间既可以观察企业是否进行商务模式转型，又可以反映相关高管团队的行为。同时，2007~2010 年期间，中国经济呈现"V"字形发展曲线①——外部饱受国际金融危机、欧元危机等带来的痛苦，内部饱受劳动力成本上升、各种原材料价格上涨等带来的困扰。在这样一个经济形势起伏跌宕的时期，中国企业商务模式转型值得研究。同时，2007 年中国推行新的会计准则，相关信息的披露更为详细和规范。

基于以上分析，本研究选择深圳证券交易所中小企业板 2008 年 3 月 1 日之前上市（2008 年 3 月 1 日之前上市的企业均发布 2007 年年报）的 218 家企业在 2007~2010 年间是否进行商务模式转型进行判定。为了确保判定工作的顺利进行，本研究通过上市公司招股说明书、年报、季报、公告、项目募集说明书及其公告、公司网站及其他途径收集资料，通过资料的分类、整理，建立本研究的案例库。

3. 案例选择标准的制定及选择过程

为了确保案例调查法中编码的顺利进行，本研究完成了以下工作：

（1）选择标准的确定。根据前文对商务模式构成要素的界定、对商务模式转型的界定以及结合相关研究，本研究确定企业商务模式转型的表征为：企业以新的方式向原有顾客提供相同的产品或服务组合，企业以新的方式向原有顾客提供新的产品或服务组合，企业以新的方式向新的顾客提供相同的产品或组合，企业以新的方式向新的顾客提供新的产品或服务组合等；具备以上四种情形之一，即确定企业进行过一次商务模式转型。为研究的便利，在具体操作过程中排除在观察期进行过两次转型的企业，只保留了在此期间进行过一次转型的企业。②

---

① http://cn.chinagate.cn/economics/2010-01/22/content_19286576.htm.
② 本研究所选择的 218 家企业，并未出现在 2007~2010 年发生过两次转型的情形。

为了便于选择，本研究制定了一个详细的选择手册，手册解释了编码者如何根据案例库的资料选择符合本研究要求的企业。本研究编码者应当区分三个阶段：第一阶段，确定企业在案例观察期（2007~2010年）是否进行过一次商务模式转型，并排除在案例观察期内进行多次转型的企业，判断企业是否进行商务模式转型的资料来源为招股说明书中对未来的计划、新项目募集资金的使用说明、董事会报告等，判断企业是否进行商务模式转型的依据是前文有关企业商务模式转型的表征描述；第二阶段是商务模式转型的开始和实施，这一阶段主要是辨识商务模式转型实施的标志性事件，并确定标志性事件发生的时间，标志性事件主要为相关决策的做出、目标产出的初次出现、公司的收购行为完成等；第三阶段是商务模式转型的完成阶段，其主要标志是新模式中企业关键产出达到一定的规模，并建立制度来巩固新模式，或由于运行不利，新模式终止，若企业截至2010年末，仍然未完成相关的转型工作，就以2010年末企业的情况作为企业商务模式转型的最终观察期，并将2010年视为商务模式转型的完成阶段。

（2）选择并培训编码者。由于多个编码者是确保案例调查法研究信度的必要条件（Larsson，1993），本研究主要采用三个编码者来分析案例，分别是管理学专业的硕士研究生、心理学专业的硕士研究生和管理学专业的博士研究生。笔者对他们进行理论知识培训和实际操作演练，确保他们理解研究目的和研究问题，熟悉操作流程。

（3）选择操作过程。首先，研究者将案例库的资料发给每个编码者，每个编码者各自独立仔细研读案例库中的资料，确保对案例库的企业有一个大致的了解，并用简短的语句记录企业的特征。其次，重点从年报、季报中的董事会报告和新项目募集资金的使用说明中有关产品及服务、顾客、市场范围、企业主要经营活动、企业与顾客接触的方式等进行判断，确定是否出现上文所述的商务模式转型表征的四种情形之一。在此过程中，每个编码者独立确定企业是否转型、转型起止时间、转型的标志性事件、转型具体情况的简单描述，并以表格的形式存档，并将个人的结果转发给其他人。再次，研究者将三个编码者对企业是否进行商务模式转型的结果进行统计、确定异同点。结果显示，115家企业的转型确定不存在疑问，还有103家企业的判定存在疑问，针对115家企业中相关转型的标志、起始年份也存在一定的异议。最后，编码者聚集在一起对结果进行讨论，针对不同的观点，阐述确定相关结果的原因并进行说明，对每个企业在一个具体阶段的情况进行确定、反馈等多次迭代，最终达成一致意见，确定了154家企业商务模式转型的起止时间及其标志。

本研究以金风科技为例，阐明该企业商务模式转型的辨识过程。

基于上文提出的企业商务模式转型的辨识标准，某编码者对该企业商务模式转型的辨识过程为：该企业的招股说明书第99页对该企业已有商务模式的描述为"系统开发和集成商，系统集成、专业化协作——公司负责风电机组的整机设计和总装，配套零部件采用专业化协作的方式，由供应商按照公司提供的技术标准进行生产，公司进行质量监控"，而该公司2007年年报第28页提出企业"2007年至2010年"期望建立的目标商务模式是"将风电技术、制造、服务、项目开发等要素整合成金风科技的核心能力——在持续不断提供优质风机产品的同时向客户提供风电系统解决方案"，之后该企业对转型目标进行了实施。因此，确定该公司实施了一次商务模式转型，转型的起止时间为2007~2010年。

4. 样本特征的描述

本研究在深圳证券交易所中小板上市公司中，根据研究需要选择了154家公司。同时，由于深圳证券交易所中小企业板从2004年才开始启动，本研究观察的时期为2007~2010年，加上本研究对商务模式转型的判定，所以符合本研究要求的企业数量不多。本研究从样本企业的行业分布、区域分布两个方面来介绍样本的统计特征。

（1）样本企业的区域分布。如表4-4所示，本研究所选择的样本企业以华东、华南地区居多，其次是西南、华中、华北，东北和西北最少。样本企业地域分布基本和中国区域经济的发展程度相一致，较为全面。

（2）样本企业的行业分布。本研究行业分类根据中国证监会（CSRC）（2001年版）《上市公司行业分类指引》，将样本企业的行业分布情况进行总结，具体如表4-5所示。样本企业的行业分布中，制造业占据绝对优势，占样本总量的81.16%，其他行业的企业数量较少。

表 4-4　样本企业的区域分布

地　区	东北	华北	华东	华南	华中	西南	西北	总计
家　数	3	10	84	31	10	11	5	154
占总数的百分比（%）	1.95	6.49	54.5	20.1	6.49	7.14	3.25	100

资料来源：本研究编制。

表 4-5　样本企业的行业分布

行业大类	行业代码	行业名称	行业中企业的数目（家）
农业	A	农、林、牧、渔业	4
制造业	C0	食品、饮料	4
	C1	纺织、服装、皮毛	9
	C2	木材家具	1
	C3	造纸、印刷	5
	C4	石油、化学、塑胶、塑料	22
	C5	电子	17
	C6	金属、非金属	16
	C7	机械、设备、仪表	35
	C8	医药、生物制品	9
	C9	其他制造业	7
制造总计			125
建筑业	E	建筑业	4
交通运输、仓储业	F	交通运输、仓储业	1
信息技术业	G	信息技术业	8
批发和零售贸易	H	批发和零售贸易	2
金融、保险业	I	金融、保险业	1
房地产	J	房地产	3
社会服务业	K	社会服务业	5
综合类	M	综合类	1
总计			154

资料来源：本研究编制。

三、编码手册的形成

本研究的变量主要包括：高管团队受教育程度的异质性、高管团队职能背景的异质性、高管团队的流动性、核心决策人的政治资本、核心决策人的协会资本、核心决策人的相关行业资本、核心决策人是否拥有管理职能背景、核心决策人的受教育程度、商务模式转型、环境动态性、环境不友好性、企业绩效、企业规模、上市年限、高管团队规模、董事长兼任 CEO、金融危机等。

环境动态性、环境不友好性、企业绩效、企业规模、上市年限、高管团队规模、董事长兼任 CEO、金融危机等变量的测量在前文已进行了描述，相关数据或者可以根据案例库资料直接获得，或者编码较为简单。本研究基于相关数据或对数据进行简单的编码而获得研究需要的数据。

高管团队受教育程度的异质性、高管团队职能背景的异质性、高管团队的流动性、核心决策人的政治资本、核心决策人的协会资本、核心决策人的相关行业资本、核心决策人是否拥有管理职能背景、核心决策人的受教育程度等变量，根据前文所描述的变量测量方式直接进行编码、测量。

案例调查法的核心是编码手册的编制（Larsson，1993）。编码手册指导编码者根据描述性的案例资料，将研究中的变量定量化。设计编码手册的核心是在资源可获得性、可靠的简化和信息丰富带来的复杂性之间进行平衡（Larsson，1993）。李克特七级量表对信息的利用程度较高，但是不宜操作（Reuver 等，2009）。借鉴 Reuver 等（2009）的观点，本研究采用李克特五级量表。

在编制编码手册时，根据 Larsson（1993）的建议，本研究根据下文所述的六个步骤进行编码手册的设计，最终形成了本研究的编码手册（详见附录 2）。

1. 变量概念的界定

这一过程在前文已经详细界定，在此就不再重复。

2. 建立变量测量题库

在变量测量部分，本研究根据现有的文献初步建立了变量测量题库。

3. 变量测量指标的细化

在相关测量指标建立起来以后，本研究从相关研究问题、资料的获得性、可量化性等方面考虑，制定了初步的编码手册。

4. 编码小组和专家评议及修改

本研究首先向编码小组的人员讲述各个变量的含义；其次，将测量的题项和测量项目的编码手册予与他们，倾听他们对编码手册的语言表达是否有歧义、是否可操作、是否有更好的建议等方面的意见；最后，根据小组意见进行修改，并在专家主持的内部研讨会上，由专家、多位博士或博士研究生等九人对修改后的编码手册展开讨论，主要涉及讨论测量项目的删减、操作手册与研究变量之间是否相关、操作手册的语言表达、可操作性等方面，提出相关的修改建议。基于这些修改建议，本研究对编码手册进行了相关的修改。

5. 对编码手册的小规模预测操作及修改

编码小组的成员各自独立从案例库中抽取五家企业，根据操作手册进行操作。通过编码小组的小规模测试，对编码操作手册进一步进行修改。

6. 正式编码手册的形成

经过以上步骤，本研究的正式编码手册形成，并正式发给编码小组的成员。

四、案例的编码及举例

案例的编码过程是编码者根据编码手册对每个案例进行编码的过程。本研究案例的编码过程如下所述：

首先，将编码手册交给编码小组成员，并组织编码小组成员对编码手册认真学习，确保每个编码人员对编码手册的理解准确、对编码手册的内容熟悉。

其次，编码小组成员独立根据编码手册进行编码。

再次，在笔者的组织下，对不同编码者的编码结果进行对比和讨论，找出异同点，针对不同意见的编码，经过讨论、独立编码、再讨论、再独立编码等多次迭代，直到达成一致意见为止。对于无法形成统一意见的题项，本研究进行编码差异的处理。

最后，形成最终的编码数据。

本研究以金风科技作为商务模式转型的例子，列举相关编码的过程。

例如，"与转型前相比，企业设定的目标市场区域范围的变化程度"。本研究编码手册中规定的该题项编码规则为："目标市场的区域范围未发生变化"编码为1；"以原有目标市场的区域范围为主（或放弃部分目标市场，保留部分目标市场），有新的目标市场区域范围出现"编码为2；"原有目标市场的区域范围仍然存在（或放弃部分目标市场，保留部分目标市场），有新的目标市场区域范围出现，并且新老区域范围并重"编码为3；"有新的目标市场区域范围出现，原有的区域范围不变，或放弃部分区域，保留部分目标市场，但是以新目标市场的区域范围为主"编码为4;"完全放弃原有的目标市场范围,集中精力从事新的目标市场区域范围"编码为5。某编码者对该题项的编码过程为:金风科技2007年年报第22页对目标市场区域范围描述为"主要分布在西北、东北、华北、华南、华东五个区域,其中以西北和东北为主,未形成地域性规律",2010年年报第29页对目标市场区域范围描述为"在西北、东北、华北、华南、华东五个区域的基础上,增加了华中、西南、国外等区域,但是以西北、华北、东北为主,未形成地域性规律",因此将该题项编码为2。

五、测量编码变量的信度与效度

1. 编码差异的解决

编码差异的解决在前文已经进行了讨论。根据 Larsson (1993) 的观点,对于存在争议的编码,重新检验、重新编码的过程需要分析、检验下列标准中哪个更有利于解决问题,这些标准为:①多数还是少数;②研究者的观点;③选择其他的外援型编码者。

本研究对于不一致的编码项目,首先,通过让编码者自查来纠正明显的错误。其次,对于仍然有异议的项目,三位编码者进行讨论,根据"少数还是多数"进行表决;对于争议较大的项目,本研究请一位企业管理专业博士帮助进行编码;对于仍然有争议的项目,由笔者确定。

经过上述过程,最终形成了可以用于本研究统计分析的数据。

2. 编码信度与效度的测量

编码信度是编码质量的重要衡量指标。文献中有关编码信度的测量有多种方法。Bullock 和 Tubbs (1987) 讨论了编码信度在案例调查法中的应用,并将完全同意的百分数,即所有的编码者对案例中的每个变量编码一致的简单百分比,作为主要的信度指数。根据 Dess 等 (1993) 的观点,对于通过二手资料分析而获得的数据,评估编码者之间的信度主要是采用不同编码者之间相互一致的程度来测量。

根据 Dess 等 (1993) 的研究,结合 Larsson (1993)、Larsson 和 Finkelstein (1999) 等学者的观点,本研究通过计算 Cohen's Kappa 值确定编码者之间的编

码可靠性。本研究计算了不同编码者之间的 Kappa 值，计算结果表明，除了 B11 项目之外，其他项目的 Kappa 值均在 0.6 以上，表明不同编码者之间的编码可靠性在可以接受的范围之内（Reuver 等，2009）。对相关项目的聚类分析和因子分析的结果表明，B11 影响商务模式转型的信度和效度。因此，本研究删除了 B11 项目。商务模式转型（包括 B11）总体的 Cronbach α 系数为 0.793，累计方差解释率为 62.507%，KMO 值为 0.760（P<0.001 的双尾检验）。在社会科学研究领域，变量整体的 α 系数在 0.70 以上、累计方差解释率在 60% 以上、KMO 值在 0.60 以上均为可接受的范围（Kaiser，1974；吴明隆，2010）。因此，本研究商务模式转型编码的信度和效度均达到了相关标准。在此基础上，根据 Hair 等（1998）提出的方法，本研究采用主成分分析法提取因子，计算各个因子的得分，并以各个因子的方差贡献率为权重，计算商务模式转型的综合指标，且指标数值越大，表示商务模式转型程度越高。

第五章 商务模式转型影响因素实证研究

本章主要是在第四章的基础上,对商务模式转型的影响因素与商务模式转型之间的关系进行大样本的实证研究。根据第四章提出的假设,本章需要验证的假设汇总如表5-1所示。

表5-1 商务模式转型影响因素假设

假设编号	假设
H11	高管团队受教育程度的异质性程度与商务模式转型程度呈现正向相关关系
H12	高管团队职能背景的异质性程度与商务模式转型程度呈现正向相关关系
H13	高管团队成员的流动性与商务模式转型程度呈现正向相关关系
H21	相对核心决策人受教育程度较低的企业,核心决策人受教育程度较高的企业更倾向于较高程度的商务模式转型
H22	相对核心决策人不拥有社会资本,核心决策人拥有社会资本的企业更倾向于较高程度的商务模式转型
H22a	相对核心决策人不拥有相关行业资本,核心决策人拥有相关行业资本的企业更倾向于较高程度的商务模式转型
H22b	相对核心决策人不拥有政治资本,核心决策人拥有政治资本的企业更倾向于较高程度的商务模式转型
H22c	相对核心决策人不拥有行业协会资本,核心决策人拥有行业协会资本的企业更倾向于较高程度的商务模式转型
H23	相对核心决策人不拥有管理职能背景,核心决策人拥有管理职能背景的企业更倾向于选择较高程度的商务模式转型
H31	环境动态性对在位企业商务模式转型产生正向影响,即环境动态性越强,在位企业越倾向于选择较高程度的商务模式转型
H32	环境不友好性对在位企业商务模式转型产生正向影响,即环境不友好性越强,在位企业越倾向于选择较高程度的商务模式转型
H41	环境动态性将对高管团队异质性与商务模式转型的关系产生影响
H41a	环境动态性将对高管团队受教育程度的异质性与商务模式转型的关系产生影响,即环境动态性越高,高管团队受教育程度的异质性对商务模式转型的作用将得到增强

续表

假设编号	假设
H41b	环境动态性将对高管团队职能背景的异质性与商务模式转型的关系产生影响,即环境动态性越高,高管团队职能背景的异质性对商务模式转型的作用将得到增强
H42	环境动态性将对高管团队成员流动性与商务模式转型的关系产生影响,即环境动态性越高,高管团队成员流动性对商务模式转型的作用将得到增强
H51	环境不友好性将对高管团队异质性与商务模式转型的关系产生影响
H51a	环境不友好性将对高管团队受教育程度的异质性与商务模式转型的关系产生影响,即环境性不友好性越高,高管团队受教育程度的异质性对商务模式转型的作用将得到增强
H51b	环境不友好性将对高管团队职能背景的异质性与商务模式转型的关系产生影响,即环境不友好性越高,高管团队职能背景的异质性对商务模式转型的作用将得到增强
H52	环境不友好性将对高管团队成员流动性与商务模式转型的关系产生影响,即环境不友好性越高,高管团队成员流动性对商务模式转型的作用将得到增强
H6	环境动态性对核心决策人特征与商务模式转型的关系产生影响
H61	在核心决策人拥有较高受教育程度的情况下,环境动态性越高,核心决策人拥有的较高受教育程度对商务模式转型的影响将显著增强
H62	在核心决策人拥有社会资本的情况下,环境动态性越高,核心决策人拥有的社会资本对商务模式转型的影响将显著增强
H62a	在核心决策人拥有相关行业资本的情况下,环境动态性越高,核心决策人拥有的相关行业资本对商务模式转型的影响将显著增强
H62b	在核心决策人拥有行业协会资本的情况下,环境动态性越高,核心决策人拥有的行业协会资本对商务模式转型的影响将显著增强
H62c	在核心决策人拥有政治资本的情况下,环境动态性越高,核心决策人拥有的政治资本对商务模式转型的影响将显著增强
H63	在核心决策人拥有管理职能背景的情况下,环境动态性越高,核心决策人拥有的管理职能背景对商务模式转型的影响将显著增强
H7	环境不友好性对核心决策人特征与商务模式转型的关系产生影响
H71	在核心决策人拥有较高受教育程度的情况下,环境不友好性越高,核心决策人拥有的较高受教育程度对商务模式转型的影响将显著增强
H72	在核心决策人拥有社会资本的情况下,环境不友好性越高,核心决策人拥有的社会资本对商务模式转型的影响将显著增强
H72a	在核心决策人拥有相关行业资本的情况下,环境不友好性越高,核心决策人拥有的相关行业资本对商务模式转型的影响将显著增强
H72b	在核心决策人拥有行业协会资本的情况下,环境不友好性越高,核心决策人拥有的行业协会资本对商务模式转型的影响将显著增强
H72c	在核心决策人拥有政治资本的情况下,环境不友好性越高,核心决策人拥有的政治资本对商务模式转型的影响将显著增强
H73	在核心决策人拥有管理职能背景的情况下,环境不友好性越高,核心决策人拥有的管理职能背景对商务模式转型的影响将显著增强

资料来源:本研究编制。

第一节 变量的选择及其描述性统计

一、变量的选择及样本的确定

1. 控制变量的选择

由于本研究以深圳证券交易所中小企业板上市企业作为样本企业的来源,同时还涉及高管团队、企业核心决策人(通常是董事长或总经理),因此,本研究的控制变量主要是从企业相关特征、高管团队、核心决策人三个层次进行选择。根据姚俊等(2004)、谢绚丽和赵胜利(2011)等学者的观点,本研究选择企业规模、上市时间、高管团队规模、董事长兼任总经理(或 CEO)四个变量作为控制变量。同时,由于 2007~2010 年之间发生了全球金融危机,为了控制金融危机的影响,本研究选择企业转型开始年份是否为 2008 年或 2009 年进行测量,若是,则为"1",若否,则为"0"。考虑商务模式转型决策可能受到市场竞争的影响,本研究采用转型前一年度产品市场竞争程度(PC)以对市场竞争情况进行控制,而产品市场竞争程度(PC)采用姜付秀等(2008)的测量方法进行测量。

为了便于描述,本研究采用字母代表相关变量的名称。例如,商务模式转型(BMT)、上市时间(BT)、金融危机(F)、企业规模(Size)、CEO 兼任董事长(TCEO)、高管团队规模(Tsize)、产品市场竞争程度(PC)、高管团队教育水平的异质性(TMTE)、高管团队职能背景的异质性(TMTF)、高管团队成员流动性(TMTI)、核心决策人的政治资本(P)、核心决策人的行业协会资本(I)、核心决策人的相关行业资本(E)、核心决策人的受教育程度(ED)、核心决策人的管理职能背景(M)、环境动态性(EDY)、环境不友好性(D)。

2. 样本的确定

基于相关变量的测量方法,本研究得出相关变量的数据。本研究所选择的 154 家样本中有 3 家企业的存货周转率无法计算或者为 0,从而导致无法计算其产品市场竞争程度（PC）。为此，本研究将这 3 家样本剔除。同时，本研究进行了异常值剔除。因此，本研究最终进行统计分析的样本为 150 家企业。

二、描述性统计和相关分析

为了进一步判定变量是否适合进行回归分析，本研究通过变量之间的相关分析来判定变量之间是否存在相关关系、是否存在共线性。如表 5-2 所示，商务模式转型（BMT）与高管团队职能背景的异质性（TMTF）、核心决策人的管理职能背景（M）、环境动态性（EDY）、环境不友好性（D）、高管团队规模（Tsize）等变量之间存在显著相关关系（0.05 以下的显著水平）。因此，本研究可以判断这些变量之间存在较为密切的关系，具备进一步做回归分析的潜质。根据吴明隆（2010）的观点，变量之间的相关系数如果大于 0.7，表明二者高度相关。根据表 5-2 所示的相关数据，本研究中变量之间的相关系数最大为 0.484，因此，初步判定本研究的变量两两之间存在共线性问题的可能性较小。

第二节　层次回归分析

根据吴明隆（2010）的建议，本研究利用 SPSS17.0 统计软件，采用强迫进入法进行层次回归分析。

一、高管团队特征对商务模式转型的影响分析

1. 变量之间多重共线性分析

本研究采用多个自变量进行多元回归分析，但是在进行多元回归分析之前，需要进行多重共线性分析。本研究采用方差膨胀因子（VIF 值）作为多重共线性分析的重要依据。根据吴明隆（2010）的观点，方差膨胀因子值大于 10 时，自变量之间可能会发生多重共线性问题。统计结果表明，本研究表 5-3 中模型 2 各自变量的方差膨胀因子值均小于 2，从而可以判定自变量之间存在多重共线性的

第五章 商务模式转型影响因素实证研究

表 5-2 各变量的均值、标准差及皮尔逊 (Pearson) 系数

	均值	标准差	BMT	TMTE	TMTF	TMTI	ED	P	I	E	M	EDY	D	PC	Tsize	Size	BT	F	TCEO
BMT	1.07	0.28	1																
TMTE	0.52	0.13	0.068	1															
TMTF	0.66	0.12	-0.168*	0.192*	1														
TMTI	0.14	0.18	0.116	0.013	0.000	1													
ED	0.49	0.50	0.05	-0.067	-0.012	0.099	1												
P	0.34	0.48	-0.149	-0.077	-0.085	-0.197	-0.145	1											
I	0.49	0.50	0.018	-0.074	-0.139	-0.174*	0.053	0.484**	1										
E	0.51	0.50	-0.005	-0.074	-0.014	0.016	0.134	-0.033	0.067	1									
M	0.29	0.45	0.225**	0.081	0.085	0.065	-0.065	0.043	-0.086	0.057	1								
EDY	0.29	0.18	0.272**	-0.089	0.036	0.302**	0.106	-0.005	-0.041	-0.042	0.15	1							
D	0.08	0.15	-0.330**	-0.096	-0.04	-0.170*	0.044	0.149	0.170*	0.139	-0.231**	-0.377**	1						
PC	-12.25	76.076	-0.048	-0.027	0.012	-0.124	-0.069	0.093	0.109	0.09	0.05	0.08	-0.015	1					
Tsize	6.92	2.14	-0.236**	0.034	0.115	0.149	0.162*	-0.013	0.005	-0.118	-0.073	0.053	0.133	-0.126	1				
Size	11.41	0.77	-0.062	0.005	0.061	0.056	-0.082	0.205*	0.061	-0.061	0.053	-0.031	0.105	-0.021	0.075	1			
BT	5.03	1.23	-0.056	0.023	0.008	-0.08	-0.07	0.152	0.006	-0.093	-0.005	-0.072	-0.057	0.099	-0.037	0.099	1		
F	0.64	0.48	-0.081	0.086	-0.097	0.053	-0.121	-0.019	0.008	0.02	-0.047	-0.157	0.058	-0.094	-0.048	0.102	0.099	1	
TCEO	0.25	0.44	0.089	-0.093	0.030	-0.010	-0.069	0.067	0.016	0.168*	0.038	-0.036	0.083	-0.082	-0.201*	0.119	-0.078	0.086	1

注：①样本量为 150 个；② * 表示显著性概率水平 $P<0.05$ 的双尾检验；** 表示显著性概率水平 $P<0.01$ 的双尾检验。

可能性较小。同时，模型 2 的 DW 值为 2.156，从而可以判定自变量之间存在自相关的可能性较小。

2. 模型的指标分析

表 5-3 中，模型 1、模型 2 中的 R^2 分别是 0.077、0.135，F 值分别是 1.987（P 值小于 0.1）、2.418（P 值小于 0.05），模型 2 达到了显著水平，说明回归模型在可以接受的范围内，变量之间的关系可以得到一定解释。

3. 假设的检验

表 5-3 中，模型 2 的相关数据显示，高管团队受教育程度的异质性（TMTE）的标准化系数为正（β=0.125，P>0.1），该显著性水平略大于 0.1，假设 H11 未获得支持。这一结果表明，高管团队受教育程度的异质性（TMTE）与商务模式转型程度（BMT）之间的关系不显著。

表 5-3 中，模型 2 的相关数据显示，高管团队职能背景的异质性（TMTF）的标准化系数为负（β=-0.176，P<0.05），显著性水平小于 0.05，假设 H12 获得反向支持。这一结果表明，高管团队职能背景的异质性（TMTF）对商务模式转型程度（BMT）存在显著负向影响。

表 5-3 中，模型 2 的相关数据显示，高管团队流动性（TMTI）的标准化系数为正（β=0.148，P<0.1），且显著性水平小于 0.1，假设 H13 获得支持。这一结果表明，高管团队流动性（TMTI）对商务模式转型（BMT）存在显著正向影响。

4. 控制变量的影响分析

如表 5-3 中模型 2 所示，高管团队规模（Tsize）的标准化系数为负（β=-0.243，P<0.01），且显著性水平小于 0.01，该结果表明，商务模式转型（BMT）受到高管团队规模（Tsize）的负向影响，高管团队规模越大，越不利于较高程度的商务模式转型。

5. 结果的讨论

H11 未获得支持，高管团队受教育程度的异质性（TMTE）与商务模式转型程度（BMT）之间的关系不显著。这一结果表明，高管团队内不同受教育程度的成员一方面可以带来丰富的观点（Nadolska 和 Barkema，2014），另一方面也可以阻碍企业战略性共识的达成（Wiersema 和 Bantel，1992）。这两种力量的综合作

表 5-3 高管团队特征对商务模式转型的作用分析及环境对二者关系的影响

变量	因变量（BMT）					
	模型1	模型2	模型3	模型4	模型5	模型6
Constant	(4.426)***	(4.234)***	(4.005)***	(3.808)***	(4.406)***	(4.772)***
BT	−0.041 (−0.498)	−0.032 (−0.393)	−0.018 (−0.231)	−0.024 (−0.308)	−0.052 (−0.67)	−0.041 (−0.53)
F	−0.096 (−1.172)	−0.135 (−1.659)*	−0.093 (−1.174)	−0.098 (−1.217)	−0.113 (−1.451)	−0.111 (−1.437)
Size	−0.038 (−0.456)	−0.012 (−0.15)	−0.019 (−0.238)	−0.005 (−0.064)	0.007 (0.085)	0.000 (0.002)
TCEO	0.044 (0.523)	0.065 (0.78)	0.072 (0.905)	0.073 (0.902)	0.092 (1.153)	0.09 (1.141)
Tsize	−0.241 (−2.881)***	−0.243 (−2.919)***	−0.243 (−3.033)***	−0.236 (−2.884)***	−0.188 (−2.324)**	−0.178 (−2.225)**
PC	−0.08 (−0.974)	−0.057 (−0.708)	−0.087 (−1.111)	−0.087 (−1.09)	−0.056 (−0.719)	−0.061 (−0.798)
TMTE		0.125 (1.535)	0.149 (1.893)*	0.143 (1.725)*	0.099 (1.266)	0.063 (0.804)
TMTF		−0.176 (−2.161)**	−0.186 (−2.368)**	−0.185 (−2.284)**	−0.189 (−2.42)**	−0.24 (−2.831)***
TMTI		0.148 (1.835)*	0.058 (0.7)	0.05 (0.576)	0.09 (1.143)	0.09 (1.135)
EDY			0.281 (3.431)***	0.245 (2.636)***		
D					−0.293 (−3.717)***	−0.293 (−2.775)***
EDY*TMTE				0.004 (0.05)		
EDY*TMTF				0.035 (0.424)		
EDY*TMTI				0.063 (0.676)		
D*TMTE						0.159 (1.771)*
D*TMTF						0.115 (1.18)
D*TMTI						−0.176 (−1.924)*
R^2	0.077	0.135	0.202	0.206	0.213	0.251
调整 R^2	0.038	0.079	0.145	0.131	0.156	0.179
$\triangle R^2$	0.077	0.058	0.068	0.004	0.078	0.038
F 值	1.987*	2.418**	3.521***	2.722***	3.757***	3.500***

注：①样本量为150个；②* 表示显著性概率水平 P<0.1 的双尾检验；** 和 *** 分别表示显著性概率水平 P<0.05 和 P<0.01 的双尾检验；③模型中采用标准化系数；④标准化系数括号内为相应的 t 值。

用，使得高管团队受教育程度的异质性整体上可以正向影响商务模式转型，但是显著性不明显。这一结果进一步证明了高管团队受教育程度的异质性对企业转型决策的影响存在着不确定性（如环境、组织情景、领导情景等）（Carpenter 等，2004）。

假设 H12 获得反向支持，高管团队职能背景的异质性（TMTF）对商务模式转型程度（BMT）存在显著负向影响。这一结果进一步支持了 Golden 和 Zajac（2001）以及 Carpenter 和 Fredrickson（2001）的观点，高管团队职能背景的异质性与组织变革转型呈负相关关系，并进一步证明了高管团队在人口统计特征变量方面的职能背景异质性是有成本的（Wiersema 和 Bantel，1992）。因此，对于中小企业而言，高管团队职能背景的异质性在企业商务模式转型中负面影响较大，容易产生内部沟通困难（McCain 等，1983；Triandis 等，1994）、容易产生冲突（Pfeffer，1983），从而阻碍了高管团队的效率（Ancona 和 Caldwell，1992；Smith 等，1994）。

H13 获得支持，高管团队成员流动性（TMTI）对商务模式转型（BMT）存在显著正向影响。这一结果进一步支持了 Quinn（1980）以及 Barker 等（2001）的观点。对于中小企业而言，较高的高管团队成员流动性能够促进组织变革，主要有以下原因：第一，与发生更替前的高管团队成员相比，新的高管团队成员拥有不同的背景、知识和经验，能够对企业存在的问题（如已有商务模式存在的问题）产生新的理解，从而促进程度较高的变革发生（Nystrom 和 Starbuck，1984；Barker 和 Duhaime，1997）；第二，新的经理人，特别是外部人员，缺乏对企业先前政策和实践（如已有商务模式）的个人承诺，从而可以促进企业选择较高程度的转型（Tushman 和 Romanelli，1985；Barker 和 Duhaime，1997）。

二、环境对高管团队特征与商务模式转型关系的影响分析

1. 自变量与调节变量的中心化

在检验调节效应时，相关变量之间的交互项可能带来多重共线性问题（Aikin 和 West，1991；刘军，2008；温忠麟等，2005；卢谢峰和韩立敏，2007）。本研究表 5-3 模型 4 中，调节变量环境动态性（EDY）和环境不友好性（D）均是连

续变量，自变量高管团队教育水平的异质性（TMTE）、高管团队职能背景的异质性（TMTF）、高管团队成员流动性（TMTI）也均为连续变量。因此，为了避免多重共线性问题，根据 Breyer（1982）的建议，本研究将自变量与调节变量分别中心化处理后，计算二者的交互项，然后引入回归模型。

2. 环境动态性对高管团队特征与商务模式转型关系的影响分析

统计结果表明，本研究表 5-3 中模型 4 各变量的方差膨胀因子值均小于 2，从而可以判定变量之间存在多重共线性的可能性较小。同时，表 5-3 模型 4 的 DW 值为 2.045，从而可以判定变量之间存在自相关的可能性较小。

表 5-3 中相关统计结果显示，模型 3 的 F 值为 3.521，且显著，调整后的 R^2 为 0.145，表明回归模型可以接受。在引入相关交互项以后，模型 4 的 F 值为 2.722，且显著，调整后的 R^2 减少到 0.131，环境动态性（EDY）与高管团队教育水平的异质性（TMTE）的交互项、环境动态性（EDY）与高管团队职能背景的异质性（TMTF）的交互项、环境动态性（EDY）与高管团队成员流动性（TMTI）的交互项系数均未达到显著水平。因此，假设 H41、假设 H41a、假设 H41b、假设 H42 均未获得支持。这一结果表明，环境动态性（EDY）对高管团队特征与商务模式转型关系的影响作用不显著。

假设 H41a 未获得支持，环境动态性（EDY）对高管团队受教育程度的异质性（TMTE）与商务模式转型（BMT）的关系影响不显著，其原因可能是：第一，环境动态性包括多个方面，如新技术的发明、消费者偏好的改变（Child，1972），本研究未能分别研究其对高管团队受教育程度的异质性（TMTE）与商务模式转型（BMT）关系的影响；第二，受教育程度不同的高管团队成员对环境动态性（如新技术）的认知各有不同（Hambrick 等，1996；Wiersema 和 Bantel，1992），难以促使高管团队形成对新技术未来的统一认识，或者高管团队内部虽然认识到新技术的作用，但是对已有成功技术及其模式的承诺和依赖导致他们不愿意转型（Sorescu 等，2011），进而造成环境动态性（EDY）对高管团队受教育程度的异质性（TMTE）与商务模式转型（BMT）的关系影响不显著。

假设 H41b 未获得支持，环境动态性（EDY）对高管团队职能背景的异质性（TMTF）与商务模式转型（BMT）的关系影响不显著，其原因可能如下：第一，环境动态性包括多个方面，如新技术的发明、消费者偏好的改变（Child，1972），本研究未能分别研究其对高管团队职能背景的异质性（TMTF）与商务模式转型（BMT）关系的影响；第二，日益增加的环境动态性需要高管团队加强对环境动态性信息的收集（Daft 等，1988），但是，不同职能背景的高管团队成员偏好基于其特定的职能背景对环境信息进行收集、归纳、总结，从而得出差异化较高的观点（Pfeffer 和 Salancik，1978），这些不同的观点导致高管团队内部难以达成一致性，而商务模式转型决策需要高管团队的认知达成一致（Bogner 和 Barr，2000；Aspara 等，2013），从而造成环境动态性（EDY）对高管团队职能背景的异质性（TMTF）与商务模式转型（BMT）的关系影响不显著。

假设 H42 未获得支持，环境动态性（EDY）对高管团队成员流动性（TMTI）与商务模式转型（BMT）的关系影响不显著，其原因可能如下：第一，环境动态性包括多个方面，如新技术的发明、消费者偏好的改变（Child，1972），本研究未能分别研究其对高管团队成员流动性（TMTI）与商务模式转型（BMT）关系的影响。第二，组织记忆（Nelson 和 Winter，1982）的存在。基于组织行为理论，组织过去的经验嵌入组织的惯例和信仰，并进一步影响组织应对环境变化的行为（Nelson 和 Winter，1982；Sosna 等，2010）。如果企业积累的知识足以应对环境动态性，那么无论新的高管团队成员还是原有的高管团队成员，均难以感知环境动态性带来的威胁，并倾向于支持原有行为模式的持续性（Hannan 和 Freeman，1984），从而造成环境动态性（EDY）对高管团队成员流动性（TMTI）与商务模式转型（BMT）的关系影响不显著。第三，基于 March 和 Simon（1993）的观点，组织转型不仅受到环境的影响，而且受到企业历史的影响。尽管新的高管团队成员不太容易受到企业内部的传统及历史的影响（Wagner 等，1984），能够为企业转型带来新的观点，但是难以撼动企业历史的影响，从而可能造成环境动态性（EDY）对高管团队成员流动性（TMTI）与商务模式转型（BMT）的关系影响不显著。

3. 环境不友好性对高管团队特征与商务模式转型关系的影响分析

根据统计结果表明，本研究表 5-3 模型 6 中各变量的方差膨胀因子值均小于 3，从而可以判定各变量之间存在多重共线性的可能性较小。同时，表 5-3 模型

6的DW值为2.140，从而可以判定变量之间存在自相关的可能性较小。

表5-3中相关统计结果显示，模型5的F值为3.757，且显著，调整后的R^2为0.156，表明回归模型可以接受。在引入相关交互项以后，模型6的F值为3.500，且显著，调整后的R^2增加到0.179，环境不友好性（D）与高管团队成员流动性（TMTI）交互项的标准化系数为负（$\beta = -0.176$，$P<0.1$），且显著。环境不友好性（D）的测量数值越大，表示环境不友好性越低。因此，假设H52获得支持。环境不友好性（D）与高管团队受教育程度的异质性（TMTE）交互项的标准化系数为正（$\beta = 0.159$，$P<0.1$），且显著。环境不友好性（D）的测量数值越大，表示环境不友好性越低。因此，假设H51a获得反向支持。环境不友好性（D）与高管团队职能背景的异质性（TMTF）交互项的标准化系数均未达到显著水平，因此，假设H51b未获得支持。基于以上结果，环境不友好性（D）对高管团队特征与商务模式转型关系的调节作用获得部分支持，假设H51获得部分支持。

假设H51b未获得支持，环境不友好性（D）对高管团队背景职能的异质性（TMTF）与商务模式转型（BMT）之间的关系影响不显著，可能的原因如下：高管团队成员通过成功解决先前环境带来的危机而获得了组织权力（Pfeffer和Salancik，1978），并以此为基础形成了企业内部相对稳定的公司治理结构。而环境不友好性的增加将带来新的、需要处理的危机，可能降低高管成员已有的权力（Hambrick，1981），进而可能改变公司已有的稳定治理结构（Wiersema和Bantel，1993）。为了巩固已有的权力，高管团队成员不愿意将高管团队职能背景的异质性带来的不同认知与环境不友好性进行匹配（Wiersema和Bantel，1993），可能造成环境不友好性（D）对高管团队职能背景的异质性（TMTE）与商务模式转型（BMT）之间的关系影响不显著。

为了进一步验证环境不友好性（D）对高管团队受教育程度的异质性（TMTE）与商务模式转型（BMT）之间关系的影响，本研究绘制了环境不友好性（D）对高管团队受教育程度的异质性（TMTE）与商务模式转型（BMT）之间关系的调节作用图，如图5-1所示。图5-1表明，环境不友好性（D）对高管团队受教育程度的异质性（TMTE）与商务模式转型（BMT）之间的关系影响显著，但是减弱了高管团队受教育程度的异质性（TMTE）与商务模式转型（BMT）之间的关系，假设 H51a 获得反向支持。其可能的原因如下：环境不友好性能够增加企业对战略性变革的需求（Barker 和 Duhaime，1997），但是不同教育水平的高管团队成员对环境不友好性产生了不同的容忍度（Hambrick，1981）。为了应对环境不友好性对变革的需求（Barker 和 Duhaime，1997），不同教育程度的高管团队成员之间相互妥协，从而显著降低了高管团队受教育程度的异质性（TMTE）与商务模式转型（BMT）之间的关系。

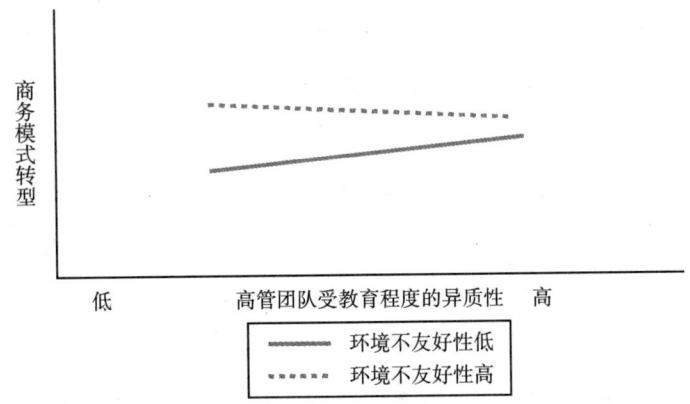

图 5-1　环境不友好性对高管团队受教育程度的异质性与商务模式转型之间关系的调节作用

为了进一步验证环境不友好性（D）对高管团队成员流动性（TMTI）与商务模式转型（BMT）之间关系的影响，本研究绘制了环境不友好性（D）对高管团队成员流动性（TMTI）与商务模式转型（BMT）之间关系的调节作用图，如图 5-2 所示。图 5-2 表明，环境不友好性（D）对高管团队成员流动性（TMTI）与商务模式转型（BMT）之间的影响显著，随着环境不友好性（D）的增强，高管团队成员流动性（TMTI）与商务模式转型（BMT）之间的关系逐步增强。这一结果表明，虽然环境不友好性为企业带来了严重的生存危机，但是其为新老高管团队成员之间的团结创造了良好的契机（Aspara 等，2013），减弱了高管团队成员流动性可能带来的负面影响，例如，不利于保持团队稳定性（Keck，1997）、减少可感知效率（Pulakos 和 Wexley 1983），进而增强了高管团队成员流动性对商务模式转型的影响。

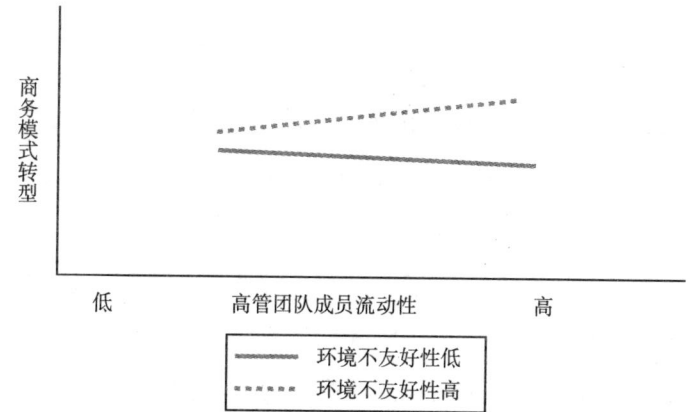

图 5-2 环境不友好性对高管团队成员流动性与商务模式转型之间关系的调节作用

三、核心决策人特征对商务模式转型的影响分析

1. 变量之间多重共线性分析

统计结果表明,本研究表 5-4 中模型 1 各自变量的方差膨胀因子值均小于 2,从而可以判定自变量之间存在多重共线性的可能性较小。同时,表 5-4 中模型 2 的 DW 值为 2.200,从而可以判定自变量之间存在自相关的可能性较小。

2. 模型的指标分析

表 5-4 中,模型 1、模型 2 中的 R^2 分别是 0.077、0.168,F 值分别是 1.987(P 值小于 0.1)、2.537(P 值小于 0.01),模型 2 达到了显著水平,说明回归模型在可以接受的范围内,变量之间的关系可以得到一定解释。

3. 假设的检验

表 5-4 中,模型 2 的相关数据显示,核心决策人政治资本(P)的标准化系数为负($\beta=-0.229$,$P<0.05$),且显著。该结果表明,与不拥有政治资本(P)的核心决策人相比,拥有政治资本(P)的核心决策人所在企业的商务模式转型程度较低,假设 H22b 获得反向支持。

表 5-4 中,模型 2 的相关数据显示,核心决策人行业协会资本(I)的标准化系数为正($\beta=0.163$,$P<0.1$),且显著。该结果表明,与不拥有行业协会资本(I)的核心决策人相比,拥有行业协会资本(I)的核心决策人所在企业的商务模式转型程度较高,假设 H22c 获得支持。

表 5-4 中，模型 2 的相关数据显示，核心决策人相关行业资本（E）的标准化系为负（β=-0.075，P>0.1），但不显著。该结果表明，与不拥有相关行业资本（E）的核心决策人相比，拥有相关行业资本（E）的核心决策人所在企业的商务模式转型程度差异不显著，假设 H22a 未获得支持。

综合以上分析，核心决策人社会资本的不同维度对其所在企业的商务模式转型产生不同的影响：与不拥有政治资本（P）的核心决策人相比，拥有政治资本（P）的核心决策人所在企业的商务模式转型程度较低，假设 H22b 获得反向支持；与不拥有行业协会资本（I）的核心决策人相比，拥有行业协会资本（I）的核心决策人所在企业的商务模式转型程度较高，假设 H22c 获得支持；与不拥有相关行业资本（E）的核心决策人相比，拥有相关行业资本（E）的核心决策人所在企业的商务模式转型程度差异不显著，假设 H22a 未获得支持。因此，假设 H22 获得部分支持。

与不拥有政治资本（P）的核心决策人相比，拥有政治资本（P）的核心决策人所在企业的商务模式转型程度较低，假设 H22b 获得反向支持，产生这一结论的原因可能是：虽然政治资本可以为在位企业带来商务模式转型所需要的大量资源（Rajala 和 Westerlund，2006；Niessen 和 Ruenzi，2010），但是，在实践中，在位企业可能满足于政治资本带来的资源优势（Niessen 和 Ruenzi，2010），并为了维护已有政治资本而采取政府所鼓励的行为，规避政府不愿意看到的行为（如利润的减少，公司裁员）（邓新明等，2014），进而相比不拥有政治资本的企业，拥有政治资本的企业更愿意选择程度较低的商务模式转型。同时，这一结论进一步佐证了孔伟杰（2012）的观点：虽然政治资本可以为企业带来种种资源优势（Niessen 和 Ruenzi，2010），但是其所获得的资源并不能促进在位企业选择程度较高的商务模式转型。

与不拥有行业协会资本（I）的核心决策人相比，拥有行业协会资本（I）的核心决策人所在企业的商务模式转型程度较高，假设 H22c 获得支持。这一结果表明，行业协会作为行业交流的平台，可以为核心决策人提供行业发展动态前景方面的信息，使其获得行业内相关的资源（Bennett，1995；郑江淮和江静，2007）。这些行业内的信息和资源，使得核心决策人能够更好地掌握行业内标杆企业商务模式及新进入者商务模式方面的信息，从而为其决策提供了依据，促使企业转型到更具竞争力的商务模式。

与不拥有相关行业资本（E）的核心决策人相比，拥有相关行业资本（E）的核心决策人所在企业的商务模式转型程度差异不显著，假设 H22a 未获得支持。其可能的原因是：第一，本研究未能在测量核心决策人相关行业资本（E）时区分其拥有供应商、客户、竞争对手的经历，而供应商、客户及竞争对手等不同类型的资本，为核心决策人带来了不同的信息和资源（陈劲和李飞宇，2001），从而可能对商务模式转型产生不同的影响。第二，核心决策人与供应商以及客户关系密切，一方面，企业通过客户或供应商可以获得创新的思想，更好地了解客户的需求，从而进行创新变革（Quinn，1985；陈劲和李飞宇，2001），促进企业商务模式转型；另一方面，企业与供应商和客户建立了长期合作的关系，双方形成了稳固的封闭环（李路路，1995；陈劲和李飞宇，2001），可能对外部的变革不够敏感；或供应商和客户难以适应企业所选择的目标商务模式（Adner 和 Kapoor，2010）。为了保持合作关系，企业需要降低商务模式转型程度以适应供应商或客户，从而阻碍在位企业选择程度较高的商务模式转型。第三，相关研究表明，企业核心决策人拥有的相关行业资本（E）是否能够促进企业选择创新变革战略性决策，可能还取决于核心决策人的领导风格（张伟年和陈传明，2014）。

表 5-4 中，模型 2 的相关数据显示，核心决策人受教育程度（ED）的标准化系数为正（$\beta=0.051$，$P>0.1$），但不显著。该结果表明，与不拥有较高受教育程度的核心决策人相比，拥有较高受教育程度的核心决策人所在企业的商务模式转型程度差异不显著，假设 H21 未获得支持。该假设未获得支持的原因可能是：第一，不同的受教育水平意味着对创新变革不同的接受能力（Wiersema 和 Bantel，1992），本研究核心决策人受教育程度分为硕士研究生及其以上和其他，而其他包括高中（中专）及其以下、大专、本科等不同受教育程度，从而造成本研究未能进一步区分不同受教育程度对商务模式转型影响的差异；第二，中国各种培训机构的兴起，如课程班、专业培训班，使得核心决策人可以通过非学历教育获得认知、学习能力的提升，进而可能导致假设未被支持。

表 5-4 中，模型 2 的相关数据显示，核心决策人管理职能背景（M）的标准

化系数为正（β=0.237，P<0.01），且显著。该结果表明，与不拥有管理职能背景（M）的核心决策人相比，拥有管理职能背景（M）的核心决策人所在企业的商务模式转型程度较高，假设 H23 获得支持，进一步验证了 Buyl 等（2011）的观点。不同商务模式转型程度包括着不同程度的挑战和困难，转型程度越高，企业面临的挑战和困难越多（Cavalcante 等，2010），而拥有管理职能背景的核心决策人拥有较为容易地处理各种挑战和困难的能力（Buyl 等，2011），因此，与不拥有管理职能背景（M）的核心决策人相比，拥有管理职能背景（M）的核心决策人更为容易选择程度较高的商务模式转型。

表 5-4 核心决策人特征对商务模式转型的作用分析

变量	因变量（BMT）	
	模型 1	模型 2
Constant	(4.426)***	(3.985)***
BT	−0.041 (−0.498)	−0.011 (−0.135)
F	−0.096 (−1.172)	−0.089 (−1.107)
Size	−0.038 (−0.456)	−0.018 (−0.227)
TCEO	0.044 (0.523)	0.056 (0.682)
Tsize	−0.241 (−2.881)***	−0.242 (−2.926)***
PC	−0.08 (−0.974)	−0.079 (−0.981)
P		−0.229 (−2.435)**
I		0.163 (1.783)*
E		−0.075 (−0.928)
ED		0.051 (0.612)
M		0.237 (3.001)***
R^2	0.077	0.168
调整 R^2	0.038	0.102
ΔR^2	0.077	0.091
F 值	1.987*	2.537***

注：①样本量为 150 个；②* 表示显著性概率水平 $P<0.1$ 的双尾检验；** 和 *** 分别表示显著性概率水平 $P<0.05$ 和 $P<0.01$ 的双尾检验；③模型中采用标准化系数；④标准化系数括号内为相应的 t 值。

四、环境对核心决策人特征与商务模式转型关系的影响分析

1. 自变量与调节变量的中心化

在检验调节效应时，为了避免交互项带来的多重共线性问题，需要将相关的变量进行中心化处理（Aikin 和 West，1991；刘军，2008；温忠麟等，2005；卢

谢峰和韩立敏，2007）。本研究中，调节变量环境动态性（EDY）和环境不友好性（D）均是连续变量，自变量核心决策人的行业协会资本（I）、核心决策人的相关行业资本（E）、核心决策人的受教育程度（ED）、核心决策人的职能背景（M）均为类别变量。根据 Breyer（1982）的建议，在计算自变量与调节变量的交互项时不需要进行变量的中心化处理，因此，本研究直接计算自变量与调节变量交互项，然后加入验证调节效应的回归模型。

2. 环境动态性对核心决策人特征与商务模式转型关系的影响分析

统计结果表明，本研究表 5-5 模型 2 中各变量的方差膨胀因子值均小于 2，从而可以判定变量之间存在多重共线性的可能性较小。同时，表 5-5 模型 2 的 DW 值为 2.078，从而可以判定变量之间存在自相关的可能性较小。

表 5-5 中相关统计结果显示，模型 1 的 F 值为 3.725，且显著，调整后的 R^2 为 0.128，表明回归模型可以接受。在引入相关交互项以后，表 5-5 模型 2 的 F 值为 3.909，且显著，模型的显著性有所增加，调整后的 R^2 增加到 0.149，表明回归模型可以接受。

表 5-5 模型 2 中的结果表明，环境动态性（EDY）与核心决策人的政治资本（P）交互项的标准化系数为负（$\beta=-0.19$，$P<0.05$），达到显著水平，H62c 获得支持。该结果表明，环境动态性（EDY）对核心决策人的政治资本（P）与商务模式转型（BMT）之间的关系存在显著影响。

表 5-5 模型 4 中各变量的方差膨胀因子值均小于 2，从而可以判定变量之间存在多重共线性的可能性较小。同时，表 5-5 模型 4 的 DW 值为 2.045，从而可以判定变量之间存在自相关的可能性较小。

表 5-5 中相关统计结果显示，模型 3 的 F 值为 3.275，且显著，调整后的 R^2 为 0.109，表明回归模型可以接受。在引入相关交互项以后，表 5-5 中模型 4 的 F 值为 3.132，且显著，调整后的 R^2 增加到 0.144。

表 5-5 模型 4 中，环境动态性（EDY）与核心决策人的行业协会资本（I）交互项的标准化系数为负（$\beta=-0.139$，$P>0.1$），但不显著，假设 H62b 未获得支持。该结果表明，环境动态性（EDY）对核心决策人的行业协会资本（I）与商务模式转型（BMT）之间的关系不存在显著影响。

表 5-5 环境动态性对核心决策人特征与商务模式转型关系的影响作用分析

变量	模型 1	模型 2	模型 3	模型 4	模型 5	模型 6	模型 7	模型 8	模型 9	模型 10
					因变量 (BMT)					
Constant	0.284*** (3.708)	0.378*** (3.189)	0.286*** (4.04)	0.372*** (3.478)	0.283*** (4.041)	0.344*** (3.905)	0.28*** (3.949)	0.106 (4.201)***	0.258*** (4.152)	0.161** (4.247)
BT	-0.003 (-0.036)	0.005 (0.069)	-0.022 (-0.278)	-0.031 (-0.395)	-0.025 (-0.315)	-0.03 (-0.377)	-0.022 (-0.273)	-0.005 (-0.068)	-0.022 (-0.287)	-0.023 (-0.295)
F	-0.064 (-0.808)	-0.066 (-0.852)	-0.057 (-0.713)	-0.052 (-0.656)	-0.056 (-0.701)	-0.058 (-0.725)	-0.052 (-0.651)	-0.058 (-0.73)	-0.051 (-0.649)	-0.044 (-0.564)
Size	-0.006 (-0.08)	0.016 (0.202)	-0.037 (-0.466)	-0.016 (-0.197)	-0.036 (-0.455)	-0.034 (-0.425)	-0.03 (-0.38)	-0.045 (-0.567)	-0.045 (-0.583)	-0.038 (-0.495)
TCEO	0.057 (0.709)	0.075 (0.94)	0.046 (0.572)	0.059 (0.722)	0.051 (0.628)	0.057 (0.693)	0.042 (0.514)	0.054 (0.664)	0.043 (0.539)	0.04 (0.511)
Tsize	-0.256*** (-3.208)	-0.241*** (-3.047)	-0.257*** (-3.186)	-0.238*** (-2.917)	-0.257*** (-3.187)	-0.252*** (-3.116)	-0.263*** (-3.218)	-0.262*** (-3.213)	-0.242*** (-3.045)	-0.23*** (-2.91)
PC	-0.09 (-1.144)	-0.095 (-1.217)	-0.108 (-1.351)	-0.109 (-1.367)	-0.1 (-1.247)	-0.105 (-1.316)	-0.1 (-1.261)	-0.108 (-1.36)	-0.108 (-1.375)	-0.096 (-1.24)
P	-0.146 (-1.839)	-0.154 (-1.954)								
I			0.045 (0.579)	0.042 (0.545)						
E					-0.027 (-0.336)	-0.028 (-0.347)				
ED							0.043 (0.535)	0.045 (0.567)		
M							0.28*** (3.545)		0.172** (2.218)	0.161** (2.097)
EDY	0.284*** (3.641)	0.378*** (4.267)	0.286*** (3.629)	0.372*** (3.688)	0.283*** (3.583)	0.344*** (3.47)		0.106 (0.752)	0.258*** (3.294)	0.12 (1.13)

第五章 商务模式转型影响因素实证研究

续表

变量	因变量（BMT）									
	模型 1	模型 2	模型 3	模型 4	模型 5	模型 6	模型 7	模型 8	模型 9	模型 10
EDY*P		−0.19 (−2.148)**								
EDY*I				−0.139 (−1.354)						
EDY*E						−0.101 (−1.021)				
EDY*ED								0.21 (0.147)		
EDY*M										0.202 (1.916)*
R^2	0.174	0.201	0.157	0.168	0.155	0.162	0.156	0.169	0.183	0.204
调整 R^2	0.128	0.149	0.109	0.144	0.107	0.108	0.109	0.116	0.137	0.153
$\triangle R^2$	0.174	0.026	0.157	0.011	0.155	0.006	0.156	0.013	0.183	0.021
F 值	3.725***	3.909***	3.275***	3.132***	3.242***	2.999***	3.268***	3.171***	3.953***	3.988***

注：①样本量为 150 个；②* 表示显著性概率水平 $P<0.1$ 的双尾检验；** 和 *** 分别表示显著性概率水平 $P<0.05$ 和 $P<0.01$ 的双尾检验；③模型中采用标准化系数；④标准化系数括号内数据为相应的 t 值。

表 5-5 中模型 6 中各变量的方差膨胀因子值均小于 2，从而可以判定变量之间存在多重共线性的可能性较小。表 5-5 中模型 6 的 DW 值为 2.079，从而可以判定变量之间存在自相关的可能性较小。

表 5-5 中，模型 5 的 F 值为 3.242，且显著，调整后的 R^2 为 0.107，表明回归模型可以接受。在引入相关交互项以后，表 5-5 中模型 6 的 F 值 2.999，且显著，调整后的 R^2 增加到 0.108。

表 5-5 中，模型 6 中环境动态性（EDY）与核心决策人的相关行业资本（E）交互项的标准化系数为负（$\beta=-0.101$，$P>0.1$），但不显著，假设 H62a 未获得支持。该结果表明，环境动态性（EDY）对核心决策人的相关行业资本（E）与商务模式转型（BMT）的关系影响不显著。

表 5-5 模型 8 中各变量的方差膨胀因子值均小于 4，从而可以判定变量之间存在多重共线性的可能性较小。同时，表 5-5 模型 8 的 DW 值为 2.033，从而可以判定变量之间存在自相关的可能性较小。

表 5-5 中，模型 7 的 F 值为 3.268，且显著，调整后的 R^2 为 0.109，表明回归模型可以接受。在引入相关交互项以后，表 5-5 中模型 8 的 F 值为 3.171，且显著，调整后的 R^2 增加到 0.116。

表 5-5 中，模型 8 中环境动态性（EDY）与核心决策人的受教育程度（ED）的交互项的标准化系数为正（$\beta=0.21$，$P>0.1$），但不显著，假设 H61 未获得支持。该结果表明，环境动态性（EDY）对核心决策人的受教育程度（ED）与商务模式转型（BMT）的关系影响不显著。

表 5-5 中，模型 10 中各变量的方差膨胀因子值均小于 2，从而可以判定变量之间存在多重共线性的可能性较小。表 5-5 中模型 10 的 DW 值为 2.076，从而可以判定变量之间存在自相关的可能性较小。

表 5-5 中，模型 9 的 F 值为 3.953，且显著，调整后的 R^2 为 0.137，表明回归模型可以接受。在引入相关交互项以后，表 5-5 模型 10 的 F 值为 3.988，且显著，调整后的 R^2 增加到 0.153。

表 5-5 中，模型 10 中环境动态性（EDY）与核心决策人的管理职能背景（M）交互项的标准化系数为正（$\beta=0.202$，$P<0.1$），且显著，假设 H63 获得支

持。该结果表明，环境动态性（EDY）对核心决策人的管理职能背景（M）与商务模式转型（BMT）之间的关系影响显著。

因此，环境动态性对核心决策人特征与商务模式转型关系的调节作用获得部分支持，假设H6获得部分支持。

表5-5模型2表明，环境动态性（EDY）与核心决策人的政治资本（P）交互项的标准化系数为负且显著（$\beta = -0.19$，$P < 0.05$），说明环境动态性（EDY）对核心决策人的政治资本（P）与商务模式转型（BMT）之间的关系存在影响，假设H62c通过检验。为了进一步说明环境动态性（EDY）对核心决策人的政治资本（P）与商务模式转型（BMT）之间关系的影响作用，本研究绘制了环境动态性对政治资本与商务模式转型之间关系的调节作用图，如图5-3所示。图5-3表明，对于核心决策人拥有政治资本的企业，环境动态性越高，核心决策人拥有的政治资本对商务模式转型的负向影响显著增强。当核心决策人拥有政治资本时，环境动态性的增强，将使得核心决策人拥有政治资本的企业选择程度更低的商务模式转型决策。这一结果表明，在环境动态性日益增强的情况下，核心决策人更倾向于依赖政治资本带来的优势（Niessen和Ruenzi，2010），规避转型的压力（Fischer和Pollock，2004），从而避免较高程度的商务模式转型。

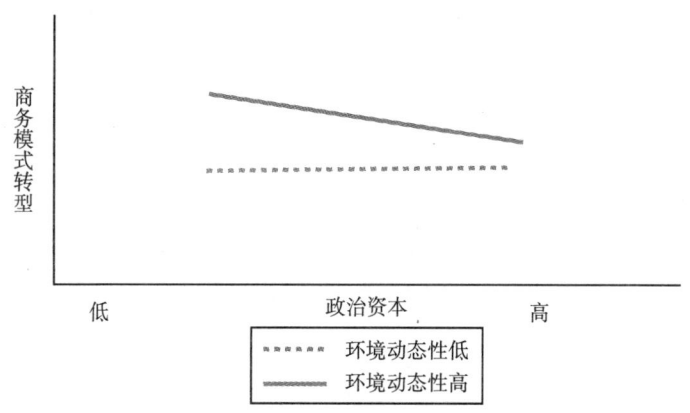

图5-3 环境动态性对核心决策人的政治资本与商务模式转型之间关系的调节作用

环境动态性（EDY）对核心决策人的行业协会资本（I）与商务模式转型（BMT）的关系不存在显著影响，假设H62b未获得支持，其可能原因是：核心决策人拥有行业协会资本（I）可以帮助其掌握更多的行业发展前景信息、行业技进步状况、行业内企业商务模式的状况（Bennett，1995；郑江淮和江静，2007），进而提高了核心决策人对环境变化的预测能力。这种预测能力促使其在环境动态性实际增强之前，已经做出了商务模式转型的相关决策，进而使得环境动态性对核心决策人的行业协会资本（I）与商务模式转型（BMT）之间关系的影响不显著。

环境动态性（EDY）对核心决策人的相关行业资本（E）与商务模式转型（BMT）的关系影响不显著，假设H62a未获得支持，其原因可能是：第一，核心决策人的相关行业资本（E）可以帮助其掌握有关客户、供应商、竞争者等方面的信息（陈劲和李飞宇，2001），从而为企业在环境动态性增强之前做出相关决策提供了信息基础；第二，核心决策人的相关行业资本（E）为企业带来了较为稳固的客户关系、供应商关系等（李路路，1995；陈劲和李飞宇，2001），但是这些供应商和客户对商务模式转型的支持程度（Adner和Kapoor，2010）将影响其对商务模式转型程度的选择。以上两个原因在一定程度上造成了环境动态性对核心决策人的相关行业资本（E）与商务模式转型（BMT）之间关系的影响不显著。

环境动态性（EDY）对核心决策人的受教育程度（ED）与商务模式转型（BMT）的关系影响不显著，假设H62未获得支持，其原因可能是本研究核心决策人受教育程度分为硕士研究生及其以上和其他，未能区分不同的受教育程度，从而无法进一步区分在环境动态性带来大量信息和转型需求的情况下（Child，1972），核心决策人的不同受教育程度是否可能导致商务模式转型程度的差异。

表5-5模型10表明，环境动态性（EDY）与核心决策人的管理职能背景（M）交互项的标准化系数为正且显著，说明环境动态性（EDY）对核心决策人的管理职能背景（M）与商务模式转型（BMT）之间的关系存在影响，假设H63通过检验。为了进一步说明环境动态性（EDY）对核心决策人的管理职能背景（M）与商务模式转型（BMT）之间关系的影响作用，本研究绘制了环境动态性（EDY）对核心决策人的管理职能背景（M）与商务模式转型（BMT）之间关系的调节作用图，如图5-4所示。图5-4表明，对于核心决策人拥有管理职能背景的企业，环境动态性越高，核心决策人拥有管理职能背景（M）对商务模式转型（BMT）的正向影响显著增强。当核心决策人拥有管理职能背景时，环境动态性

的增强，将使得核心决策人拥有管理职能背景的企业选择程度更高的商务模式转型决策。这一结果与Hambrick和Mason（1984）的结论相一致，在日益增强的环境动态性造成企业已有商务模式过时（Teece，2010）的情况下，核心决策人拥有管理职能背景更容易促使企业向程度更高的商务模式转型。

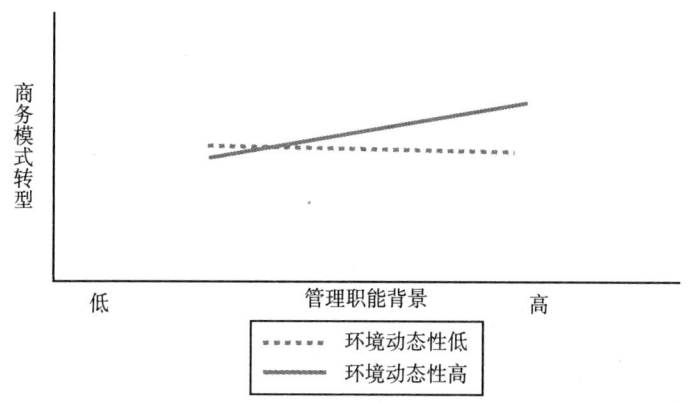

图5-4　环境动态性对核心决策人的管理职能背景与商务模式转型之间关系的调节作用

3. 环境不友好性对核心决策人特征与商务模式转型关系的影响分析

统计结果表明，本研究表5-6模型2中各变量的方差膨胀因子值均小于2，从而可以判定各变量之间存在多重共线性的可能性较小。同时，表5-6中模型2的DW值为2.143，从而可以判定变量之间存在自相关的可能性较小。

表5-6中相关统计结果显示，表5-6模型1的F值为3.822，且显著，调整后的R^2为0.132，表明回归模型可以接受。在引入相关交互项以后，表5-6模型2的F值为3.422，且显著，调整后的R^2减少到0.128。

表5-6中模型2的结果表明，环境不友好性（D）与核心决策人的政治资本（P）交互项的标准化系数为正（$\beta=0.052$，$P>0.1$），但不显著，假设H72c未获得支持。该结果表明，环境不友好性（D）对核心决策人的政治资本（P）与商务模式转型（BMT）之间的关系影响不显著。

统计结果表明，本研究表5-6模型4中各变量的方差膨胀因子值均小于2，从而可以判定各变量之间存在多重共线性的可能性较小。同时，表5-6模型4的DW值为2.172，从而可以判定变量之间存在自相关的可能性较小。

表5-6 环境不友好性对核心决策人特征与商务模式转型关系的影响作用分析

因变量 (BMT)

变量	模型 1	模型 2	模型 3	模型 4	模型 5	模型 6	模型 7	模型 8	模型 9	模型 10
Constant	(4.104)***	(4.138)***	(4.357)***	(4.278)***	(4.279)***	(4.256)***	(4.199)***	(4.281)***	(4.435)***	(4.293)***
BT	−0.045 (−0.567)	−0.047 (−0.589)	−0.06 (−0.762)	−0.06 (−0.761)	−0.059 (−0.752)	−0.056 (−0.684)	−0.058 (−0.735)	−0.054 (−0.694)	−0.056 (−0.72)	−0.051 (−0.65)
F	−0.084 (−1.079)	−0.087 (−1.106)	−0.079 (−1.006)	−0.078 (−1.000)	−0.078 (−1.000)	−0.077 (−0.977)	−0.07 (−0.884)	−0.059 (−0.756)	−0.072 (−0.934)	−0.072 (−0.922)
Size	0.007 (0.085)	−0.000 (−0.005)	−0.016 (−0.198)	−0.014 (−0.178)	−0.011 (−0.145)	−0.014 (−0.178)	−0.004 (−0.055)	−0.016 (−0.207)	−0.024 (−0.307)	−0.022 (−0.284)
TCEO	0.079 (0.983)	0.086 (1.064)	0.073 (0.91)	0.072 (0.896)	0.073 (0.893)	0.074 (0.901)	0.064 (0.797)	0.062 (0.774)	0.067 (0.837)	0.066 (0.822)
Tsize	−0.197 (−2.449)**	−0.195 (−2.425)**	−0.194 (−2.412)**	−0.194 (−2.405)**	−0.194 (−2.393)**	−0.194 (−2.383)**	−0.208 (−2.543)**	−0.213 (−2.619)**	−0.189 (−2.37)**	−0.19 (−2.379)**
PC	−0.064 (−0.816)	−0.064 (−0.814)	−0.082 (−1.038)	−0.082 (−1.033)	−0.073 (−0.921)	−0.073 (−0.918)	−0.069 (−0.877)	−0.072 (−0.921)	−0.079 (−1.019)	−0.079 (−1.019)
P	−0.104 (−1.294)	−0.117 (−1.403)								
I			0.084 (1.071)	0.085 (1.072)						
E					0.005 (0.057)	0.002 (0.027)				
ED							0.076 (0.954)	0.075 (0.956)		
M									0.147 (1.867)*	0.147 (1.867)*
D	−0.295 (−3.735)***	−0.31 (−3.733)***	−0.323 (−4.077)***	−0.319 (−3.657)***	−0.31 (−3.906)***	−0.315 (−3.718)***	−0.311 (−3.974)***	−0.149 (−1.149)	−0.274 (−3.441)***	−0.178 (−1.193)

续表

变量	因变量（BMT）									
	模型1	模型2	模型3	模型4	模型5	模型6	模型7	模型8	模型9	模型10
D*P		0.052 (0.603)								
D*I				-0.01 (-0.112)						
D*E						0.017 (0.191)				
D*ED								-0.2 (-1.561)		
D*M										-0.112 (-0.762)
R^2	0.178	0.180	0.175	0.175	0.168	0.169	0.174	0.188	0.188	0.192
调整R^2	0.132	0.128	0.128	0.122	0.121	0.115	0.127	0.136	0.142	0.140
△R^2	0.178	0.002	0.175	0.000	0.168	0.000	0.174	0.014	0.188	0.003
F值	3.822***	3.422***	3.743***	3.305***	3.571***	3.156***	3.707***	3.599***	4.094***	3.693***

注：①样本量为150个；②* 表示显著性概率水平 $P<0.1$ 的双尾检验；** 和 *** 分别表示显著性概率水平 $P<0.05$ 和 $P<0.01$ 的双尾检验；③模型中采用标准化系数；④标准化系数括号内为相应的 t 值。

表 5-6 中相关统计结果显示，模型 3 的 F 值为 3.743，且显著，调整后的 R^2 为 0.128，表明回归模型可以接受。在引入相关交互项以后，模型 4 的 F 值为 3.305，且显著，调整后的 R^2 减少到 0.122。

表 5-6 中相关统计结果显示，模型 4 中环境不友好性（D）与核心决策人的行业协会资本（I）交互项的标准化系数为负（$\beta=-0.01$，$P>0.1$），但不显著，假设 H72b 未获得支持。该结果表明，环境不友好性（D）对核心决策人的行业协会资本（I）与商务模式转型（BMT）的关系影响不显著。

统计结果表明，本研究表 5-6 模型 6 中各变量的方差膨胀因子值均小于 2，从而可以判定各变量之间存在多重共线性的可能性较小。表 5-6 中的模型 6 的 DW 值为 2.166，从而可以判定变量之间存在自相关的可能性较小。

表 5-6 中相关统计结果显示，模型 5 的 F 值为 3.571，且显著，调整后的 R^2 为 0.121，表明回归模型可以接受。在引入相关交互项以后，模型 6 的 F 值为 3.156，且显著，调整后的 R^2 减少到 0.115。

表 5-6 中模型 6 的结果表明，环境不友好性（D）与核心决策人的相关行业资本（E）交互项的标准化系数为正（$\beta=0.017$，$P>0.1$），但不显著，假设 H72a 未获得支持。该结果表明，环境不友好性（D）对核心决策人的相关行业资本（E）与商务模式转型（BMT）之间的关系影响不显著。

统计结果表明，本研究表 5-6 模型 8 中各变量的方差膨胀因子值均小于 3，从而可以判定各变量之间存在多重共线性的可能性较小。表 5-6 模型 8 的 DW 值为 2.135，从而可以判定变量之间存在自相关的可能性较小。

表 5-6 中相关统计结果显示，模型 7 的 F 值为 3.707，且显著，调整后的 R^2 为 0.127，表明回归模型可以接受。在引入相关交互项以后，表 5-6 中模型 8 的 F 值为 3.599，且显著，调整后的 R^2 增加到 0.136。

表 5-6 中模型 8 的结果显示，环境不友好性（D）与核心决策人的受教育程度（ED）交互项的标准化系数为负（$\beta=-0.2$，$P>0.1$），但不显著，假设 H71 未获得支持。该结果表明，环境不友好性（D）对核心决策人的受教育程度（ED）与商务模式转型（BMT）的关系影响不显著。

统计结果表明，本研究表 5-6 中的模型 10 中各变量的方差膨胀因子值均小于 4，从而可以判定各变量之间存在多重共线性的可能性较小。同时，表 5-6 中模型 10 的 DW 值为 2.184，从而可以判定变量之间存在自相关的可能性较小。

表 5-6 中相关统计结果显示，模型 9 的 F 值为 4.094，且显著，调整后的 R^2 为 0.142，表明回归模型可以接受。在引入相关交互项以后，表 5-6 中模型 10 的 F 值为 3.693，且显著，调整后的 R^2 减少到 0.140。

表 5-6 中模型 10 的结果表明，环境不友好性（D）与核心决策人的管理职能背景（M）交互项的标准化系数为负（$\beta = -0.112$，$P > 0.1$），但不显著，假设 H73 未获得支持。该结果表明，环境不友好性（D）对核心决策人的管理职能背景（M）与商务模式转型（BMT）的关系影响不显著。

因此，环境不友好性对核心决策人特征与商务模式转型关系的调节作用未获得支持，假设 7 未获得支持。

环境不友好性对核心决策人特征与商务模式转型关系的调节作用未获得支持，其可能的原因是：第一，环境不友好性可能导致企业一般经营功能的突然中断（Demil 和 Lecocq，2010），这种突然中断为企业正常经营带来严重的威胁，对在位企业已有商务模式造成压力（Aspara 等，2013），从而使得具有不同特征的核心决策人可能选择程度相似的商务模式转型。第二，本研究未能区分环境不友好性带来的威胁是由于单个企业的因素而导致的威胁，还是由经济周期或行业周期的原因带来的威胁（Barker 和 Duhaime，1997），如果仅仅是单个企业需要面临的威胁，核心决策人将可能选择程度高的商务模式转型；如果是行业内企业或所有企业均面临的威胁，核心决策人可能降低商务模式转型的需求而选择程度较低的商务模式转型。第三，本研究在测量环境不友好性时，仅仅采用了转型前一年企业的 ROE 作为测量值，难以获取较为全面的环境不友好性方面的数据。

五、环境对商务模式转型关系的影响分析

1. 变量之间多重共线性分析

统计结果表明，本研究表 5-7 模型 2 中各自变量的方差膨胀因子值均小于 2，从而可以判定自变量之间存在多重共线性的可能性较小。同时，表 5-7 模型 2 的 DW 值为 2.071，从而可以判定自变量之间存在自相关的可能性较小。

2. 模型的指标分析

表 5-7 模型 2 中的 R^2 为 0.199，调整后的 R^2 为 0.153，F 值为 4.373，并且达到了显著水平，说明回归模型在可以接受的范围内，变量之间的关系可以得到一定解释。

3. 假设的检验

表 5-7 中模型 2 的相关数据显示，环境动态性（EDY）的标准化系数为正（$\beta=0.193$，$P<0.05$），且显著，假设 H31 获得支持。这一结果表明，随着环境动态性（EDY）的增强，企业商务模式转型（BMT）的程度越高。这一结果与 Wiersema 和 Bantel（1993）的观点一致，即环境动态性越强，将为在位企业已有商务模式未来的发展前景带来较大的不确定性，从而将对在位企业商务模式转型产生正向影响（Wiersema 和 Bantel，1993）。

表 5-7 中模型 2 的相关数据显示，环境不友好性（D）的标准化系数为负（$\beta=-0.233$，$P<0.01$），且显著，由于环境不友好性指标数值越大，环境不友好性越小，因此，假设 H32 获得支持。这一结果表明，随着环境不友好性（D）的增加，企业商务模式转型（BMT）的程度越高。这一结果与 Barker 和 Duhaime

表 5-7 环境对商务模式转型的影响分析

变量	因变量（BMT）	
	模型 1	模型 2
Constant	(4.426)***	(4.117)***
BT	−0.041 (−0.498)	−0.043 (−0.550)
F	−0.096 (−1.172)	−0.056 (−0.720)
Size	−0.038 (−0.456)	−0.016 (−0.206)
TCEO	0.044 (0.523)	0.068 (0.863)
Tsize	−0.241 (−2.881)***	−0.216 (−2.705)***
PC	−0.080 (−0.974)	−0.90 (−1.154)
EDY		0.193 (2.311)**
D		−0.233 (−2.786)***
R^2	0.077	0.199
调整 R^2	0.038	0.153
$\triangle R^2$	0.077	0.122
F 值	1.987*	4.373***

注：①样本量为 150 个；②* 表示显著性概率水平 $P<0.1$ 的双尾检验；** 和 *** 分别表示显著性概率水平 $P<0.05$ 和 $P<0.01$ 的双尾检验；③模型中采用标准化系数；④标准化系数括号内为相应的 t 值。

（1997）的观点一致，环境不友好性可以影响企业转型的需要和转型的程度。环境不友好性为企业带来的严重威胁（Child，1972），对企业已有商务模式带来较大的风险和管理压力（Shi 和 Manning，2009），促使企业考虑新的或不寻常的转型方案（Keck，1997），进而促使企业选择程度较高的商务模式转型。

第三节 本章假设验证结果汇总

根据相关数据统计分析，本研究对相关的研究假设进行了验证。相关的实证结果总结如表 5-8 所示。

表 5-8 本章研究假设实证结果汇总

假设编号	假设	是否获得支持
H11	高管团队受教育程度的异质性程度与商务模式转型程度呈现正向相关关系	不支持
H12	高管团队职能背景的异质性程度与商务模式转型程度呈现正向相关关系	反向支持
H13	高管团队成员流动性与商务模式转型程度呈现正向相关关系	支持
H21	相对于核心决策人受教育程度较低的企业，核心决策人受教育程度较高的企业更倾向于较高程度的商务模式转型	不支持
H22	相对核心决策人不拥有社会资本，核心决策人拥有社会资本的企业更倾向于较高程度的商务模式转型	部分支持
H22a	相对核心决策人不拥有相关行业资本，核心决策人拥有相关行业资本的企业更倾向于较高程度的商务模式转型	不支持
H22b	相对核心决策人不拥有政治资本，核心决策人拥有政治资本的企业更倾向于较高程度的商务模式转型	反向支持
H22c	相对核心决策人不拥有行业协会资本，核心决策人拥有行业协会资本的企业更倾向于较高程度的商务模式转型	支持
H23	相对核心决策人不拥有管理职能背景，核心决策人拥有管理职能背景的企业更倾向于选择较高程度的商务模式转型	支持
H31	环境动态性对在位企业商务模式转型产生正向影响，即环境动态性越强，在位企业越倾向于选择较高程度的商务模式转型	支持
H32	环境不友好性对在位企业商务模式转型产生正向影响，即环境不友好性越强，在位企业越倾向于选择较高程度的商务模式转型	支持
H41	环境动态性将对高管团队异质性与商务模式转型的关系产生影响	不支持
H41a	环境动态性将对高管团队受教育程度的异质性与商务模式转型的关系产生影响，即环境动态性越高，高管团队受教育程度的异质性对商务模式转型的作用将得到增强	不支持

续表

假设编号	假设	是否获得支持
H41b	环境动态性将对高管团队职能背景的异质性与商务模式转型的关系产生影响，即环境动态性越高，高管团队职能背景的异质性对商务模式转型的作用将得到增强	不支持
H42	环境动态性将对高管团队成员流动性与商务模式转型的关系产生影响，即环境动态性越高，高管团队成员流动性对商务模式转型的作用将得到增强	不支持
H51	环境不友好性将对高管团队异质性与商务模式转型的关系产生影响	部分支持
H51a	环境不友好性将对高管团队受教育程度的异质性与商务模式转型的关系产生影响，即环境性不友好性越高，高管团队受教育程度的异质性对商务模式转型的作用将得到增强	反向支持
H51b	环境不友好性将对高管团队职能背景的异质性与商务模式转型的关系产生影响，即环境不友好性越高，高管团队职能背景的异质性对商务模式转型的作用将得到增强	不支持
H52	环境不友好性将对高管团队成员流动性与商务模式转型的关系产生影响，即环境不友好性越高，高管团队成员流动性对商务模式转型的作用将得到增强	支持
H6	环境的动态性对核心决策人特征与商务模式转型的关系产生影响	部分支持
H61	在核心决策人拥有较高受教育程度的情况下，环境动态性越高，核心决策人拥有的较高受教育程度对商务模式转型的影响将显著增强	不支持
H62	在核心决策人拥有社会资本的情况下，环境动态性越高，核心决策人拥有的社会资本对商务模式转型的影响将显著增强	部分支持
H62a	在核心决策人拥有相关行业资本的情况下，环境动态性越高，核心决策人拥有的相关行业资本对商务模式转型的影响将显著增强	不支持
H62b	在核心决策人拥有行业协会资本的情况下，环境动态性越高，核心决策人拥有的行业协会资本对商务模式转型的影响将显著增强	不支持
H62c	在核心决策人拥有政治资本的情况下，环境动态性越高，核心决策人拥有的政治资本对商务模式转型的影响将显著增强	支持
H63	在核心决策人拥有管理职能背景的情况下，环境动态性越高，核心决策人拥有的管理职能背景对商务模式转型的影响将显著增强	支持
H7	环境不友好性对核心决策人特征与商务模式转型的关系产生影响	不支持
H71	在核心决策人拥有较高受教育程度的情况下，环境不友好性越高，核心决策人拥有的较高受教育程度对商务模式转型的影响将显著增强	不支持
H72	在核心决策人拥有社会资本的情况下，环境不友好性越高，核心决策人拥有的社会资本对商务模式转型的影响将显著增强	不支持
H72a	在核心决策人拥有相关行业资本的情况下，环境不友好性越高，核心决策人拥有的相关行业资本对商务模式转型的影响将显著增强	不支持
H72b	在核心决策人拥有行业协会资本的情况下，环境不友好性越高，核心决策人拥有的行业协会资本对商务模式转型的影响将显著增强	不支持
H72c	在核心决策人拥有政治资本的情况下，环境不友好性越高，核心决策人拥有的政治资本对商务模式转型的影响将显著增强	不支持
H73	在核心决策人拥有管理职能背景的情况下，环境不友好性越高，核心决策人拥有的管理职能背景对商务模式转型的影响将显著增强	不支持

资料来源：本研究编制。

第六章　商务模式转型与企业绩效的关系研究

在第三章所得出的理论框架的基础上,结合第三章相关案例得出的结论,本章结合相关研究提出了商务模式转型与企业绩效的相关假设,并进一步开展了大样本的实证研究。

第一节　商务模式转型与企业绩效之间关系的相关假设

Malone 等(2006)、Zott 和 Amit(2007)、王翔等(2010)通过实证研究得出:不同类型商务模式产生的绩效存在差异,一些类型的商务模式确实比其他类型的商务模式在财务绩效上表现得更好,并进一步认为即使是在动态的环境中,这种正面影响依然是稳定的(Zott 和 Amit,2007)。在此基础上,相关学者进一步研究了企业在选择目标商务模式时,选择创新的商务模式和复制已有的商务模式为企业带来的不同财务绩效(Aspara 等,2010)。

较高程度的商务模式转型往往需要企业"伤筋动骨",容易造成企业内部的不安定和焦虑,且未来收益充满不确定性,影响企业绩效的稳定性(Haveman,1992)。与之相对,较低程度的商务模式转型实施难度和风险相对较小(Haveman,1992),但是这也可能意味着其他企业的跟进和实施成本较低,从而使得这种转型给企业可能带来的竞争优势有限。因此,商务模式转型程度不同,为企业绩效带来的变化是不同的。

同时,程度较高的商务模式转型给企业带来的优势在短时间内难以显现,比如一些新模式在产生利润之前需要承受损失(Demil 和 Lecocq, 2010),因此,在短期内,商务模式转型与企业绩效之间的关系不显著。而 Mitchell 和 Coles (2003)、Teece (2010)等学者认为如果企业所选择的新商务模式足够差异化、创新力度够大,那么这种新商务模式能够帮助企业获得竞争优势。King (1997)认为组织转型的目的是通过改变组织中人们的行为,以提高组织绩效。综合以上学者的观点,本研究认为在长期内商务模式转型与企业绩效之间将呈现正相关关系。

基于此,本研究提出:

H81:在短期内,商务模式转型与企业绩效之间的关系可能不显著。

H82:在长期内,商务模式转型可能正向影响企业绩效。

第二节 变量的选择及其描述性统计

1. 样本的选择

本研究选择在 2007~2010 年进行过一次商务模式转型的 154 家企业作为样本企业。

2. 变量的选择

(1)控制变量的选择。根据 Malone 等(2006)的研究,本研究采用以下企业特征变量作为控制变量:上市年数(BT),从上市当年至 2010 年之间的年数;金融危机(F),以转型起始年份是否为 2008 年或 2009 年进行测量,若是,则为"1",若否,则为"0";转型前一年度企业绩效(R),采取转型前一年度企业的 ROE;企业规模(Size),采用转型起始年份企业资产总额的自然对数作为变量测量值;转型起始年份企业所有权性质(Stated),若是国有,则为"1",若是民营,则为"0";行业是否为高科技行业(IND),采用 Hall 等(2005)对高科技行业的划分方法，若是，则为"1"，若否，则为"0"。

（2）因变量的选择。根据本研究选择样本的特征以及相关数据的可获得性，本研究对企业绩效从盈利能力和市场价值两个方面来测量。盈利能力的测量采用ROE，市场价值的测量采用托宾Q值。其中，ROE的计算采用"净利润/股东权益余额"，托宾Q值的计算采用"市场价值/期末总资产"。

为了研究商务模式转型与短期绩效的关系，本研究选择样本企业转型后一年绩效、转型后两年绩效进行回归。为了研究商务模式转型与长期绩效的关系，本研究选择样本企业2011年绩效、2012年绩效及2011~2013年绩效的均值进行回归。

3. 数据来源

上市年数（BT）、金融危机（F）、企业规模（Size）的测量与第四章中的描述一致。转型前一年度企业绩效（R）来自锐思数据库和国泰君安数据库。转型起始年份企业所有权性质（Stated）是基于控股股东的性质判断是国有还是民营，若是自然人持股，则视为民营，相关的资料来自RESSET数据库和CSMAR数据库。行业是否为高科技行业（IND）的相关资料来自深圳证券交易所中小企业板网站、RESSET数据库和CSMAR数据库。企业绩效的数据来自RESSET数据库和CSMAR数据库。

4. 各变量的描述性统计和相关性分析

为了进一步判定变量是否适合进行回归分析，本研究通过变量之间的相关分析来判定变量之间是否存在相关关系、是否存在共线性。

如表6-1所示，转型后一年ROE、转型后两年ROE、转型后一年托宾Q值、转型后两年托宾Q值与上市年数（BT）、金融危机（F）、转型前一年度企业绩效（R）、企业规模（Size）等变量之间存在显著相关关系（0.05以下的显著水平）。因此，本研究可以判断这些变量之间存在较为密切的关系，具备进一步进行回归分析的潜质。根据吴明隆（2010）的观点，变量之间的相关系数如果大于0.7，表明二者高度相关。根据表6-1所示的相关数据，除了不同年度企业绩效之间相关系数高之外，其他变量之间的相关系数最大为0.438。因此，除了不同年度企业绩效之外，本研究的其他变量两两之间存在高度相关的可能性较低。

表6-1 各变量的均值、标准差及皮尔逊（Pearson）系数

	均值	标准差	转型后一年托宾Q值	转型后两年托宾Q值	转型后一年ROE	转型后两年ROE	BT	IND	F	Stated	Size	R	BMT
转型后一年托宾Q值	2.38	1.51	1										
转型后两年托宾Q值	2.42	1.49	0.593**	1									
转型后一年ROE	0.10	0.09	0.309**	0.179*	1								
转型后两年ROE	0.07	0.22	0.108	0.068	0.301**	1							
BT	5.02	1.22	0.218**	0.147	0.085	0.091	1						
IND	0.59	0.49	0.284**	0.279**	0.103	-0.036	-0.019	1					
F	0.64	0.48	0.328**	0.126	0.139	-0.034	0.09	-0.019	1				
Stated	0.18	0.39	-0.15	-0.034	-0.229**	0.184*	-0.104	0.041	0.000	1			
Size	11.43	0.85	-0.201*	-0.320**	0.134	0.054	0.06	-0.274**	0.121	0.123	1		
R	0.09	0.14	0.134	0.108	0.240**	0.438**	-0.058	0.116	0.058	-0.017	0.096	1	
BMT	1.06	0.28	-0.057	-0.017	-0.057	-0.002	-0.055	-0.233**	-0.085	-0.075	-0.069	-0.331**	1

注：①样本量为154；②* 表示显著性概率水平 $P<0.05$ 的双尾检验；** 表示显著性概率水平 $P<0.01$ 的双尾检验。

表 6-2 各变量的均值、标准差及皮尔逊（Pearson）系数

	均值	标准差	1	2	3	4	5	6	7	8	9	10	11	12	13
2011年托宾Q值	2.00	0.96	1												
2012年托宾Q值	1.67	0.78	0.821**	1											
2011~2013年托宾Q值均值	1.87	0.93	0.873**	0.925**	1										
2011年ROE	0.06	0.26	-0.002	-0.074	0.014	1									
2012年ROE	0.06	0.08	0.251**	0.248**	0.217**	0.174*	1								
2011~2013年ROE均值	0.05	0.12	0.155	0.104	0.15	0.794**	0.588**	1							
BT	5.02	1.22	0.159*	0.131	0.104	0.101	0.175*	0.223**	1						
IND	0.59	0.49	0.269**	0.200*	0.241**	0.005	-0.146	-0.078	-0.019	1					
F	0.64	0.48	0.029	0.006	0.017	-0.061	-0.023	-0.017	0.09	0.041	1				
Stated	0.18	0.39	-0.072	-0.094	0.099	-0.238**	-0.049	-0.183*	-0.104	-0.019	0.000	1			
Size	11.43	0.85	-0.379**	-0.307**	-0.369**	0.041	0.034	0.059	0.06	-0.274**	0.121	0.123	1		
R	0.09	0.14	0.027	-0.009	0.03	0.293**	0.202**	0.248**	-0.058	0.116	0.058	-0.017	0.096	1	
BMT	1.06	0.28	-0.019	0.103	0.107	0.036	0.046	0.055	-0.055	-0.233**	-0.085	-0.075	-0.069	-0.331**	1

注：①样本量为154；②*表示显著性概率水平 $P<0.05$ 的双尾检验；**表示显著性概率水平 $P<0.01$ 的双尾检验。

如表 6-2 所示，2011 年 ROE、2012 年 ROE 及 2011~2013 年 ROE 均值、2011 年托宾 Q 值、2012 年托宾 Q 值及 2011~2013 年托宾 Q 值均值与上市年数（BT）、金融危机（F）、转型前一年度企业绩效（R）、企业规模（Size）等变量之间存在显著相关关系（0.05 以下的显著水平）。因此，本研究可以判断这些变量之间存在较为密切的关系，具备进一步进行回归分析的潜质。根据吴明隆（2010）的观点，变量之间的相关系数如果大于 0.7，表明二者高度相关。根据表 6-2 所示的相关数据，除了不同年度企业绩效之间相关系数大于 0.7，其他变量之间的相关系数绝对值最大为 0.379，因此，除了不同年度企业绩效之外，本研究的其他变量两两之间存在高度相关的可能性较低。

第三节　商务模式转型与企业绩效的假设验证

一、商务模式转型与转型后两年绩效的关系

如表 6-3 所示，本研究首先验证转型后一年 ROE、转型后两年 ROE、转型后一年托宾 Q 值、转型后两年托宾 Q 值与商务模式转型之间的关系。

1. 商务模式转型对转型后一年 ROE 的影响分析

（1）变量之间多重共线性分析。本研究采用多个自变量进行多元回归分析，而多元回归分析之前需要进行多重共线性分析。因此，本研究采用方差膨胀因子（VIF 值）作为多重共线性分析的重要依据。根据吴明隆（2010）的观点，方差膨胀因子值大于 10 时，自变量之间可能会发生多重共线性问题。根据表 6-3 模型 2 所示的结果，本研究的方差膨胀因子值均小于 2，从而可以判定自变量之间存在多重共线性的可能性较小；模型 2 的 DW 值为 1.942，从而可以判定自变量之间存在自相关的可能性较小。

（2）模型的指标分析。如表 6-3 所示，模型 2 调整后的 R^2 是 0.116，F 值是 3.877，并且达到了显著水平，说明变量之间的关系得到了一定解释。

(3)假设的检验。如表 6-3 所示,在模型 2 中,商务模式转型的非标准化系数(非标准化系数为 0.016,P>0.1)为正,但不显著。因此,商务模式转型对转型后一年的 ROE 未能产生显著影响。

2. 商务模式转型对转型后两年 ROE 的影响分析

(1)变量之间多重共线性分析。根据表 6-3 模型 4 所示的结果,本研究的方差膨胀因子值均小于 2,从而可以判断自变量之间存在多重共线性的可能性较小;模型 4 的 DW 值为 2.028,从而可以判定自变量之间存在自相关的可能性较小。

(2)模型的指标分析。如表 6-3 所示,模型 4 调整后的 R^2 是 0.226,F 值是 7.389,并且达到了显著水平,说明变量之间的关系得到了一定解释。

(3)假设的检验。如表 6-3 所示,在模型 4 中,商务模式转型的非标准化系数(非标准化系数为 0.117,P<0.1)为正,且显著。因此,商务模式转型对转型后两年的 ROE 产生显著正向影响。

3. 商务模式转型对转型后一年托宾 Q 值的影响分析

(1)变量之间多重共线性分析。根据表 6-3 模型 6 所示的结果,本研究的方差膨胀因子值均小于 2,从而可以判定自变量之间存在多重共线性的可能性较小;模型 6 的 DW 值为 2.164,从而可以判定自变量之间存在自相关的可能性较小。

(2)模型的指标分析。如表 6-3 所示,模型 6 调整后的 R^2 为 0.244,F 值是 8.067,并且达到了显著水平,说明变量之间的关系得到了一定解释。

(3)假设的检验。如表 6-3 所示,在模型 6 中,商务模式转型的非标准化系数(非标准化系数为 0.316,P>0.1)为正,但不显著。因此,商务模式转型对转型后一年托宾 Q 值未能产生显著影响。

4. 商务模式转型对转型后两年托宾 Q 值的影响分析

(1)变量之间多重共线性分析。根据表 6-3 模型 8 所示的结果,本研究的方差膨胀因子值均小于 2,从而可以判定自变量之间存在多重共线性的可能性较小;模型 8 的 DW 值为 1.803,从而可以判定自变量之间存在自相关的可能性较小。

（2）模型的指标分析。如表6-3所示，模型8调整后的R^2为0.170，F值为5.485，并且达到了显著水平，说明变量之间的关系得到了一定解释。

（3）假设的检验。如表6-3所示，在模型8中，商务模式转型的非标准化系数（非标准化系数为0.428，$P>0.1$）为正，但不显著。因此，商务模式转型对转型后两年托宾Q值未能产生显著影响。

表6-3 商务模式转型与转型后绩效的关系

变量	因变量							
	模型1	模型2	模型3	模型4	模型5	模型6	模型7	模型8
	转型后一年ROE	转型后一年ROE	转型后两年ROE	转型后两年ROE	转型后一年托宾Q值	转型后一年托宾Q值	转型后两年托宾Q值	转型后两年托宾Q值
(Constant)	−0.128 (−1.322)	−0.153 (−1.451)	−0.054 (−0.22)	−0.241 (−0.914)	4.022 (2.548)**	3.517 (2.046)**	6.968 (4.244)***	6.283 (3.518)***
BT	0.004 (0.725)	0.004 (0.771)	0.019 (1.425)	0.021 (1.58)	0.249 (2.837)***	0.254 (2.885)***	0.203 (2.232)**	0.211 (2.304)**
IND	0.02 (1.44)	0.022 (1.536)	−0.039 (−1.112)	−0.024 (−0.686)	0.627 (2.774)***	0.666 (2.867)***	0.538 (2.289)**	0.591 (2.449)**
F	0.017 (1.272)	0.018 (1.295)	−0.032 (−0.931)	−0.029 (−0.855)	0.995 (4.459)***	1.002 (4.481)***	0.419 (1.803)*	0.429 (1.845)*
Stated	−0.052 (−3.075)	−0.051 (−3.002)***	−0.099 (−2.32)**	−0.093 (−2.168)**	−0.385 (−1.39)	−0.367 (−1.316)	0.105 (0.362)	0.13 (0.448)
Size	0.016 (1.965)*	0.016 (2.005)**	0.003 (0.129)	0.006 (0.279)	−0.345 (−2.588)**	−0.337 (−2.513)**	−0.55 (−3.967)***	−0.539 (−3.872)***
R	0.121 (2.647)***	0.13 (2.699)***	0.715 (6.209)***	0.782 (6.509)***	1.25 (1.678)*	1.431 (1.824)*	1.237 (1.595)	1.482 (1.818)*
BMT		0.016 (0.605)		0.117 (1.806)*		0.316 (0.747)		0.428 (0.975)
R^2	0.155	0.157	0.245	0.262	0.276	0.279	0.203	0.208
调整R^2	0.120	0.116	0.214	0.226	0.247	0.244	0.171	0.170
ΔR^2	0.155	0.002	0.245	0.016	0.276	0.003	0.203	0.005
F值	4.482***	3.877***	7.954	7.389	9.346***	8.067***	6.243***	5.485***

注：①样本量为154个；②*表示显著性概率水平$P<0.1$的双尾检验；** 和 *** 分别表示显著性概率水平$P<0.05$和$P<0.01$的双尾检验；③模型中采用非标准化系数；④非标准化系数括号内为相应的t值。

商务模式转型对转型后一年ROE的影响不显著，但是对转型后两年ROE的正向影响显著；商务模式转型对转型后一年托宾Q值的影响不显著，对转型后两年托宾Q值的影响也不显著。以上分析表明，商务模式转型对短期绩效在单个年份的影响总体处于不显著水平。因此，假设H81获得支持。这一结果表明：第一，在位企业需要通过商务模式试验（Experimentation）这一途径实现商务模式转型（Chesbrough，2007），商务模式试验需要投资（McGrath，2010），而投资有时成功有时失败，同时，试验及试错需要不断迭代的过程（Sosna 等，2010），需要经历一定时间之后才有可能获得理想的绩效，因此，在短时期内商务模式转型的绩效难以显现；第二，在位企业在执行新商务模式的阶段面临诸多困难，从而造成新商务模式难以在短时期内显示优越性（Sosna 等，2010）；第三，在位企业围绕已有模式采用与之相近的商务模式的财务成本，与采用对于企业来说是全新的新商务模式的财务成本是不同的（Johnson，2010），从而导致商务模式转型程度与转型后短期绩效的关系不显著；第四，在位企业进行商务模式转型需要获得相关的资源、独特的胜任力和相关的组织调整（Rajala 和 Westerlund，2006；Sosna 等，2010），而这些资源和组织调整需要经历一段时间才能完成，从而造成商务模式转型程度与转型后短期绩效的关系不显著。

二、商务模式转型与 2011~2013 年绩效的关系

如表 6-4 所示，本研究首先验证 2011 年 ROE、2012 年 ROE、2011~2013 年 ROE 均值、2011 年托宾 Q 值、2012 年托宾 Q 值、2011~2013 年托宾 Q 值均值与商务模式转型之间的关系。

1. 商务模式转型对 2011 年 ROE 的影响分析

（1）变量之间多重共线性分析。根据表 6-4 模型 2 所示的结果，本研究的方差膨胀因子值均小于 2，从而可以判定自变量之间存在多重共线性的可能性较小；模型 2 的 DW 值为 1.979，从而可以判定自变量之间存在自相关的可能性较小。

（2）模型的指标分析。如表 6-4 所示，模型 2 调整后的 R^2 为 0.135，F 值为 4.414，并且达到了显著水平，说明变量之间的关系得到了一定解释。

（3）假设的检验。如表 6-4 所示，在模型 2 中，商务模式转型的非标准化系数（非标准化系数为 0.128，$P<0.1$）为正，且显著。因此，商务模式转型对 2011 年 ROE 产生显著正向影响。

2. 商务模式转型对 2012 年 ROE 的影响分析

（1）变量之间多重共线性分析。根据表 6-4 模型 4 所示的结果，本研究的方

差膨胀因子值均小于 2，从而可以判定自变量之间存在多重共线性的可能性较小；模型 4 的 DW 值为 1.831，从而可以判定自变量之间存在自相关的可能性较小。

（2）模型的指标分析。如表 6-4 所示，模型 4 调整后的 R^2 为 0.075，F 值为 2.763，并且达到了显著水平，说明变量之间的关系得到了一定解释。

（3）假设的检验。如表 6-4 所示，在模型 4 中，商务模式转型的非标准化系数（非标准化系数为 0.031，P>0.1）为正，但不显著。因此，商务模式转型对 2012 年 ROE 未能产生显著影响。

3. 商务模式转型对 2011~2013 年 ROE 均值的影响分析

（1）变量之间多重共线性分析。根据表 6-4 模型 6 所示的结果，本研究的方差膨胀因子值均小于 2，从而可以判定自变量之间存在多重共线性的可能性较小；模型 6 的 DW 值为 2.129，从而可以判定自变量之间存在自相关的可能性较小。

（2）模型的指标分析。如表 6-4 所示，模型 6 调整后的 R^2 为 0.133，F 值为 4.349，并且达到了显著水平，说明变量之间的关系得到了一定解释。

（3）假设的检验。如表 6-4 所示，在模型 6 中，商务模式转型的非标准化系数（非标准化系数为 0.063，P<0.1）为正，且显著。因此，商务模式转型对 2011~2013 年 ROE 均值产生显著正向影响。

4. 商务模式转型对 2011 年托宾 Q 值的影响分析

（1）变量之间多重共线性分析。根据表 6-4 模型 8 所示的结果，本研究的方差膨胀因子值均小于 2，从而可以判定自变量之间存在多重共线性的可能性较小；模型 8 的 DW 值为 1.810，从而可以判定自变量之间存在自相关的可能性较小。

（2）模型的指标分析。如表 6-4 所示，模型 8 调整后的 R^2 为 0.174，F 值是 5.612，并且达到了显著水平，说明变量之间的关系得到了一定解释。

（3）假设的检验。如表 6-4 所示，在模型 8 中，商务模式转型的非标准化系数（非标准化系数为 0.105，P>0.1）为正，但不显著。因此，商务模式转型对 2011 年托宾 Q 值未能产生显著影响。

5. 商务模式转型对 2012 年托宾 Q 值的影响分析

（1）变量之间多重共线性分析。根据表 6-4 模型 10 所示的结果，本研究的方差膨胀因子值均小于 2，从而可以判定自变量之间存在多重共线性的可能性较小；模型 10 的 DW 值为 1.833，从而可以判定自变量之间存在自相关的可能性较小。

（2）模型的指标分析。如表 6-4 所示，模型 10 调整后的 R^2 为 0.111，F 值为 3.737，并且达到了显著水平，说明变量之间的关系得到了一定解释。

（3）假设的检验。如表 6-4 所示，在模型 10 中，商务模式转型的非标准化系数（非标准化系数为 0.417，$P<0.1$）为正，且显著。因此，商务模式转型对 2012 年托宾 Q 值产生显著正向影响。

6. *商务模式转型对 2011~2013 年托宾 Q 值均值的影响分析*

（1）变量之间多重共线性分析。根据表 6-4 模型 12 所示的结果，本研究的方差膨胀因子值均小于 2，从而可以判定自变量之间存在多重共线性的可能性较小；模型 12 的 DW 值为 1.817，从而可以判定自变量之间存在自相关的可能性较小。

（2）模型的指标分析。如表 6-4 所示，模型 12 调整后的 R^2 为 0.165，F 值为 5.314，并且达到了显著水平，说明变量之间的关系得到了一定解释。

（3）假设的检验。如表 6-4 所示，在模型 12 中，商务模式转型的非标准化系数（非标准化系数为 0.576，$P<0.05$）为正，且显著。因此，商务模式转型对 2011~2013 年托宾 Q 值均值产生显著正向影响。

综合以上结果，商务模式转型对 2011 年 ROE 的影响显著，但是对 2012 年 ROE 的影响不显著；商务模式转型对 2011 托宾 Q 值的影响不显著，但是对 2012 年托宾 Q 值的影响显著。而商务模式转型对 2011~2013 年 ROE 均值存在显著正向影响，对 2011~2013 年托宾 Q 值均值存在显著正向影响。

以上结果表明，商务模式转型对长期企业平均绩效存在显著正向影响，对单个年度绩效的正向影响有时显著有时不显著。假设 H82 获得支持。商务模式转型对单个年度绩效的正向影响有时显著有时不显著，这一结果与 Camisón 和 López（2010）的观点相一致，即在位企业商务模式转型与绩效之间的关系存在

表 6-4 商务模式转型与企业 2011~2013 年绩效的关系

变量	模型 1 2011年ROE	模型 2 2011年ROE	模型 3 2012年ROE	模型 4 2012年ROE	模型 5 2011~2013年ROE均值	模型 6 2011~2013年ROE均值	模型 7 2011年托宾Q值	模型 8 2011年的托宾Q值	模型 9 2012年托宾Q值	模型 10 2012年托宾Q值	模型 11 2011~2013年托宾Q均值	模型 12 2011~2013年托宾Q均值
Constant	-0.163 (-0.564)	-0.369 (-1.176)	0.054 (0.556)	0.004 (0.037)	-0.073 (-0.532)	-0.174 (-1.168)	5.585*** (5.324)	5.416*** (4.734)	4.029*** (4.506)	3.361*** (3.481)	5.485*** (5.261)	4.563*** (4.07)
BT	0.02 (1.304)	0.023 (1.445)	0.013** (2.389)	0.013** (2.484)	0.022*** (2.906)	0.023*** (3.057)	0.142** (2.445)	0.144** (2.461)	0.092* (1.855)	0.099** (2.006)	0.094 (1.619)	0.104* (1.804)
IND	-0.009 (-0.221)	0.007 (0.157)	-0.03** (-2.19)	-0.026* (-1.867)	-0.025 (-1.267)	-0.017 (-0.856)	0.326** (2.173)	0.339** (2.196)	0.195 (1.524)	0.247* (1.891)	0.268* (1.796)	0.339** (2.24)
F	-0.049 (-1.189)	-0.046 (-1.12)	-0.007 (-0.517)	-0.006 (-0.463)	-0.013 (-0.659)	-0.011 (-0.585)	0.092 (0.62)	0.094 (0.634)	0.034 (0.271)	0.044 (0.352)	0.075 (0.511)	0.089 (0.611)
Stated	-0.151*** (-2.97)	-0.144*** (-2.829)	-0.005 (-0.294)	-0.003 (-0.187)	-0.05** (-2.068)	-0.046* (-1.921)	-0.013 (-0.07)	-0.007 (-0.036)	-0.085 (-0.543)	-0.061 (-0.389)	-0.099 (-0.54)	-0.065 (-0.358)
Size	0.012 (0.494)	0.015 (0.633)	-0.004 (-0.501)	-0.003 (-0.4)	0.002 (0.212)	0.004 (0.356)	-0.4*** (-4.516)	-0.396*** (-4.456)	-0.258*** (-3.42)	-0.247*** (-3.286)	-0.377*** (-4.276)	-0.361*** (-4.137)
R	0.53*** (3.87)	0.603*** (4.216)	0.137*** (3.017)	0.155*** (3.246)	0.228*** (3.507)	0.264*** (3.889)	0.327 (0.661)	0.388 (0.742)	0.057 (0.134)	0.296 (0.671)	0.33 (0.67)	0.66 (1.289)
BMT		0.128* (0.098)		0.031 (1.207)		0.063* (1.719)		0.105 (0.374)		0.417* (1.759)		0.576** (2.09)
R²	0.159	0.175	0.108	0.117	0.156	0.173	0.211	0.212	0.134	0.152	0.179	0.203
调整 R²	0.125	0.135	0.072	0.075	0.121	0.133	0.179	0.174	0.099	0.111	0.146	0.165
△R²	0.159	0.016	0.108	0.009	0.156	0.017	0.211	0.001	0.134	0.018	0.179	0.024
F值	4.663***	4.414***	2.971***	2.763***	4.521***	4.349***	6.563***	5.612***	3.790***	3.737***	5.348***	5.314***

注：①样本量为154个；②* 表示显著性概率水平 $P<0.1$ 的双尾检验，** 和 *** 分别表示显著性概率水平 $P<0.05$ 和 $P<0.01$ 的双尾检验；③模型中采用非标准化系数；④非标准化系数括号内为相应的 t 值。

权变因素，如环境动态性及环境不友好性。商务模式转型对企业长期平均绩效存在显著正向影响，这一结果进一步验证了 Mitchell 和 Coles（2003）、Teece（2010）的观点，当在位企业所选择的目标商务模式足够差异化，则该商务模式可以帮助企业获得竞争优势。围绕着已有商务模式进行程度较低的商务模式转型，其财务成本较低（Johnson，2010），但是其不能为企业带来足够差异化的商务模式，从而难以帮助企业在与行业内其他企业的竞争中获得较大优势（Mitchell 和 Coles，2003；Teece，2010）。这一结果进一步表明，商务模式转型在短期内可能承受转型的成本和由此带来的损失（Demil 和 Lecocq，2010），但是从长期趋势来看，程度较高的转型通常能够为企业带来更具竞争力的优势（Carpenter，2000），从而促进企业获得较高的绩效。

第七章 研究结论与展望

基于相关学者的研究，本研究运用多案例研究方法，采用扎根理论的编码技术，构建商务模式转型的影响因素模型，在此基础上，结合相关学者的研究成果提出了相关的研究假设；之后，建立了本研究的案例资料库，采用案例调查法，获取了商务模式转型及其相关变量的数据，基于这些数据，本研究对商务模式转型影响因素模型及相关研究假设进行了统计分析和假设验证。本章对相关结果进行探讨和分析。

第一节 研究结论

商务模式转型是商务模式动态性方面的重要问题之一。商务模式的动态性得到了相关学者的关注和研究，而商务模式转型作为商务模式领域的重要问题之一，尚有充分的研究空间（Aspara 等，2011，2013）。随着新商务模式的不断出现，如 Groupon 的团购商务模式、Hulu 的媒体流商务模式、Zara 的快时尚商务模式等，可能造成在位企业已有的商务模式"过时"、竞争优势下降（Teece，2010）。在此情况下，商务模式转型将成为在位企业发展过程中难以回避的问题。本研究围绕这样的问题来解决企业实际的困惑：企业是否应当进行商务模式转型？哪些因素影响企业商务模式转型程度？如何选择合适的商务模式转型程度以获得好的企业绩效？

本研究通过定性研究和定量研究得出以下结论：

(1)商务模式转型影响因素的验证。本研究运用案例研究法，采用扎根理论的编码技术，确定了商务模式转型的影响因素。高管团队受教育程度的异质性、高管团队职能背景的异质性、高管团队成员流动性、核心决策人的职能背景、核心决策人的社会资本、核心决策人的受教育程度、环境不友好性、环境动态性等因素是影响商务模式转型的主要因素。实证结果表明，高管团队职能背景的异质性、高管团队成员流动性、核心决策人的职能背景、核心决策人的社会资本、环境不友好性、环境动态性等因素对商务模式转型程度有影响的相关假设获得支持或部分支持，而高管团队受教育程度的异质性、核心决策人的受教育程度、核心决策人的相关行业资本等因素对商务模式转型程度有影响的相关假设未得到支持。环境动态性对高管团队受教育程度的异质性、高管团队职能背景的异质性和高管团队成员流动性与商务模式转型之间关系的影响不显著，相关假设未获得支持。而环境不友好性对高管团队受教育程度的异质性与商务模式转型之间的关系产生显著减弱作用，对高管团队职能背景的异质性与商务模式转型之间的关系影响不显著；对高管团队成员流动性与商务模式转型之间的关系产生显著增强作用。环境动态性对核心决策人的受教育程度与商务模式转型之间的关系影响不显著；对核心决策人的社会资本与商务模式转型之间的关系影响部分显著；对核心决策人的职能背景与商务模式转型之间的关系产生显著增强作用。环境不友好性对核心决策人的受教育程度、核心决策人的社会资本、核心决策人的职能背景与商务模式转型之间关系的影响不显著。这一结论为在位企业选择构建合适的管理团队、合理应用核心决策人的相关特征提供了借鉴。

(2)商务模式转型与企业绩效关系的验证。本研究将企业绩效分为财务绩效（ROE）和市场绩效（托宾Q值），短期绩效（转型后一年、转型后两年的财务绩效和市场绩效）和长期绩效（2011年、2012年的财务绩效和市场绩效，2011~2013年财务绩效均值及其市场绩效均值）。实证研究表明，商务模式转型与短期财务绩效、短期市场绩效的关系总体不显著，进而得出商务模式转型与企业短期绩效关系不显著。商务模式转型与企业2011年的财务绩效和市场绩效、企业2012年的财务绩效和市场绩效的关系有时显著、有时不显著。但是，商务模式转型与企业2011~2013年的财务绩效均值、市场绩效均值呈现正向相关关系。商务模式转型程度的不同难以带来短期绩效的显著提高，对长期单个年份绩效的影响存在不确定性，但是，商务模式转型程度能够促进长期整体绩效的提升。

第二节　本研究的理论贡献及实践意义

本研究以案例研究方法、扎根理论、案例调查法及相关研究为基础，探索构建商务模式转型影响因素模型，并进行了实证研究，有助于丰富现有的理论，并推动理论向实践的转化。由于受到国际金融危机、国内劳动力成本与原材料价格不断上升等因素的冲击，我国中小企业传统的商业模式（如 OEM 模式）面临着竞争力下降的压力。[①] 此时，如果企业重新审视自身的商务模式，适时进行商务模式转型，选择合适的商务模式转型程度，将有可能迎来属于自己的一片天地。因此，本研究具有较大的现实意义。

1. 本研究的理论贡献

本研究的理论贡献主要体现在以下方面：

（1）本研究采用案例研究法和扎根理论，系统构建商务模式转型的影响因素模型，使商务模式转型及其影响因素的研究在一定程度上得到了扩展和完善。

（2）本研究定量验证了相关影响因素对商务模式转型的作用。通过定量研究检验了高管团队、企业核心决策人以及环境对商务模式转型的影响。此研究成果进一步丰富了商务模式实证研究，并进一步丰富了高阶理论、企业家理论与商务模式理论。

（3）本研究定量验证了商务模式转型与企业绩效的关系。通过对商务模式转型与长期绩效和短期绩效、财务绩效和市场绩效关系的验证，较为全面地反映了商务模式转型给企业带来的结果。此研究成果进一步丰富了商务模式转型理论和

---

① 根据初步统计，2008 年上半年全国有 6.7 万家规模以上中小企业倒闭，凤凰网，http://news.ifeng.com/mainland/200808/0804_17_692401.shtml。

组织变革理论，丰富了商务模式动态性与企业绩效关系的研究。

（4）本研究编制了商务模式转型的编码手册。通过对相关文献的回顾和相关理论的分析，本研究确定了商务模式转型的测量指标，并按照案例调查法的要求，编制了相关的编码手册。商务模式转型测量指标的确定，为商务模式转型领域开展大规模的定量研究奠定了基础。

2. 本研究的实践意义

本研究结果表明，不同的环境、不同的高管团队构成、不同核心决策人的特征对商务模式转型具有不同的影响。因此，企业可以采取一些措施来满足商务模式转型程度的要求：

（1）适当控制高管团队规模。高管团队规模的扩大，增加了企业的协同、沟通成本，使得高管团队职能背景异质性带来的优势难以发挥，从而影响商务模式转型。

（2）高管团队输入新鲜血液的必要性。高管团队成员若是固定不变，将难以带来新的思维，对新形势的应对将可能变得迟缓。新的成员加入，将有利于企业采用较高程度的商务模式转型。

（3）核心决策人拥有管理职能背景的重要性。商务模式转型需要有一个核心人物来帮助企业拨开云雾、确定转型的目标及方向，同时也需要核心决策人驾驭复杂的局面、应对来自各方面的危机。因此，一个没有管理岗位工作经验的核心决策人可能无法承担该项任务。

（4）核心决策人社会资本的重要性，尤其是协会资本的构建。同行的交流平台，能够使企业更快、更及时地捕捉重要的信息，促进企业采用较高程度的商务模式转型。

（5）企业及时捕捉环境信息的重要性。环境动态性或不友好性的增强，可能使得企业原有商务模式与环境之间的差距越来越大，将促使企业核心决策人员及高管团队采用较高程度的商务模式（Giesen 等，2010）。如果核心决策人及其高管团队一味忽视环境与其商务模式之间的差距，将使企业面临危机。

本研究结果表明，商务模式转型与企业的短期财务绩效和短期市场绩效之间关系不显著；商务模式转型与企业单个年度企业财务绩效和市场绩效之间的关系，因年份而不同，时而显著时而不显著；就长期绩效的均值而言，商务模式转型与企业 2011~2013 年的财务绩效均值、2011~2013 年的市场绩效均值呈现正向相关关系。这一研究结果给企业带来的启示如下：

（1）在环境日益动态化的情况下，企业需要积极探索商务模式转型之路，从而给企业带来新的希望和憧憬（Aspara 等，2013）。

（2）企业需要根据经济形势的需要，结合企业资源情况和相关资源的可获得性（Rajala 和 Westerlund，2006），选择合适的商务模式转型程度，切忌过于保守和过于冒进。

（3）商务模式转型过程中，要注意对商务模式相关风险的控制。商务模式转型并不能必然带来好的财务绩效，企业还需要注意商务模式存在的要素风险、兼容风险和系统风险（Shi 和 Manning，2009），注意采取相关的风险控制措施，防患于未然，从而促使企业获得较好的财务绩效。

第三节　本研究的局限性

商务模式转型是一个有意义的研究领域，已经受到了相关学者的关注。本研究在探索商务模式转型影响因素的过程中，提出了相关假设并进行了检验，得出了一些比较有意义的结论。但是，本研究还存在一些局限，主要表现在以下方面：

（1）样本数据的收集方面。本研究基于深圳证券交易所中小企业板上市企业而进行相关数据的收集。由于中小企业板开始时间较短，加之本研究对样本企业时间的限制以及商务模式转型的界定，使得样本企业数量较少，共有 154 家（在进行商务模式转型影响因素的实证研究中，由于相关变量的测量及异常值的存在，采用的样本总数为 150 家企业）。

（2）编码手册的编制。本研究利用案例调查法编制编码手册。虽然相关变量测量指标的选择是建立在相关理论和文献基础之上的，但是在编制编码手册时，笔者遇到了较大的挑战。由于在此之前没有编制编码手册的经验，只能参考相关文献中的编码手册进行编制,虽然该编码手册在研究中进行了测验、修改、完善,尽量采用较为客观的标准进行评价,但是有些内容难以采用客观化标准。因此,主观评价仍有可能会影响研究的结果。

(3) 编码人员的限制。在案例研究中,采用扎根理论的编码技术进行相关资料的分析。在扎根理论的编码过程中,如果由多个人一起编码,效果将会好一些,但是,研究访谈的内容涉及企业的商业信息,受访者要求对访谈内容保密,所以数据的收集工作是由笔者本人完成的,编码也只能由笔者本人完成。由于笔者能力有限,编码的精准性有待提高。

(4) 相关变量的测量限制。由于本研究对大样本数据的收集是通过二手数据、利用案例调查法而获得的,对相关变量的测量难以深入、细致。例如,对于核心决策人社会资本相关维度的测量采用"0"和"1"的判断,无法对社会资本的深度、广度进行测量,从而可能影响研究的结果。

(5) 行业局限。由于符合要求的样本企业数量不大,相关样本企业的行业分布较为零散,有些行业只有一两家,难以集中在一个行业内进行研究,可能难以捕捉单一行业内企业商务模式转型的独特之处。

第四节 研究展望

本研究对商务模式转型领域进行了初步探索。然而,商务模式转型是一个广阔的领域,有很多值得研究的课题。

(1) 中小企业与大型企业在商务模式转型影响因素方面的对比研究。本研究只是针对中小企业进行了分析,而大型企业与中小企业在商务模式转型影响因素方面的差异和共同之处,可能也是一个有价值的研究问题。

(2) 单一行业企业商务模式转型的研究。本研究由于样本所限,无法进行单一行业企业商务模式转型的研究。确定单一行业,进行企业商务模式转型方面的研究,可能也是一个有意义的研究问题。

（3）通过问卷调查法获得一手数据，开展商务模式转型方面的研究。本研究主要是基于二手资料，将一手数据与二手数据的结果进行对比分析。

（4）采用实验法确定商务模式转型的影响因素。本研究通过案例研究法确定商务模式转型的影响因素。但是，实验法能够更为准确地确定因果关系（威廉·D.贝里，2011）。因此，采用实验法进行商务模式转型的研究，可能为该领域带来突破性的进展。

附 录

附录1 访谈提纲

邀 请 函

尊敬的女士/先生：

您好！

我们是厦门大学管理学院翁君奕教授指导下的"我国企业商务模式转型影响因素研究"课题组。根据研究需要，我们诚挚地邀请您作为本课题组的访谈嘉宾，希望您能在百忙之中接受本研究的邀请，给予我们帮助和支持！

以下简要介绍本课题组的研究计划。

一是研究背景。商务模式，又称商业模式、经营模式、盈利模式。现有的研究表明，商务模式是企业以顾客为中心，通过确定产品（服务）、研究企业关键的部门和流程、选择合适的合作伙伴，平衡与竞争对手的关系、选择合适的资金来源，设计收入来源的途径，进而为利益相关者创造价值的逻辑。企业发展的实践表明，随着时间推移，企业家对商务模式的选择不是一成不变的，而是需要适时改变已存在的商务模式，建立新的商务模式，以实现企业的历变不衰。

二是研究对象、研究内容。本课题组将企业改变已存在的商务模式、建立新商务模式的过程界定为商务模式转型。鉴于企业商务模式转型需要经过时间的洗礼，本研究选择存在时间在 10 年以上的企业为研究对象，主要研究商务模式转型决策的影响因素、转型时机的选择以及转型结果。

三是研究目的及意义。本研究目的在于探索企业如何实现成功的商务模式转型，实现企业基业长青的梦想。本研究的成果主要用于指导企业如何在日益动态化的环境中整合各种资源和能力，选择合适的商务模式，在竞争中立于不败之地。

本研究郑重承诺：本研究的数据只用于学术研究分析，没有任何商业用途，且对所有信息严格保密。如果需要，研究成果可提供给您做参考。

附页是邀请您做访谈的内容提纲。非常期待您的见解！祝您的事业一帆风顺！

联系人：李　黎

我国企业商务模式转型影响因素研究访谈提纲

1. 请简要介绍贵公司的基本情况：

a. 企业成立时间、地点和当前企业的员工总数；

b. 当前主营业务以及所处行业的概况；

c. 企业当前发展现状及未来发展趋势估计。

2. 从公司成立至今，您认为公司在哪些方面发生过变化：

a. 公司的主要客户发生过什么样的变化；

b. 公司的核心业务发生过什么样的变化；公司的核心业务与非核心业务之间的关系如何，是否发生过变化；

c. 公司赖以成功的资源和能力发生过什么样的变化；公司内部关键的部门和流程发生过什么样的变化；

d. 公司的供应商、经销商等合作伙伴发生过什么样的变化；

e. 公司的竞争对手发生过什么样的变化；

f. 公司的收入来源发生过什么样的变化；

g. 公司的资金来源和资金利用的途径发生过什么样的变化，变化的原因是什么？

3. 商务模式转型影响因素及转型时机选择

根据第二个项目的回答，确定企业经历过商务模式转型后，继续提问：

a.当时转型的必要性：转型是在什么样的背景下进行的？什么原因促使公司做出转型的决定？由谁做出转型的决定？

　　b.各次转型时的有利因素有哪些？遇到过哪些阻碍？

　　c.当时转型有几种方案？各个方案的利弊是什么？最后的选择出于哪些考虑？

　　d.为什么选择在当时进行转型？当时同行业企业的情况如何？

　　e.企业选择了哪些策略、办法保证转型过程中各个要素围绕核心顾客和核心业务而相互匹配？

　　4.转型结果的判定：

　　a.对发生过的转型，您觉得主要的经验和获得的成果有哪些？

　　b.对于相关的阶段性结果，符合您做出转型决策的预期吗？

　　c.转型出现了哪些意料之外的事情？是如何解决的？经验和收获是什么？

附录2　主要编码手册

商务模式转型的编码手册

维度	子维度	题号	题项及测量
价值主张的转变	目标顾客的转变	A11	与转型前相比，企业设定的目标客户群体的变化程度： 目标客户群体是原有的客户群体，没有发生大的变化=1；开发新的目标客户群体，但是仍以原有的客户群体为主（或放弃部分目标客户，保留部分客户）=2；开发新的目标客户群体，与原有目标客户群体并存（或者放弃部分目标客户，保留部分客户），二者的地位都很重要=3；开发新的目标客户群体，维持原有目标顾客（放弃部分目标客户，保留部分客户），但是以新的目标顾客群体为主=4；完全放弃原有目标客户群体，全力开发新的目标顾客群体=5
		A12	与转型前相比，企业设定的目标市场区域范围的变化程度： 目标市场的区域范围未发生变化=1；以原有目标市场的区域范围为主（或放弃部分目标市场，保留部分目标市场），有新区域的出现=2；原有目标客户的区域范围仍然存在（或放弃部分目标市场，保留部分目标市场），有新的目标客户区域范围出现，并且新老区域范围并重=3；有新的目标客户区域范围出现，原有的区域范围不变，或放弃部分区域，保留部分目标市场，但是以新目标客户的区域范围为主=4；完全放弃原有的目标市场范围，集中精力于新的目标市场区域范围=5

续表

维度	子维度	题号	题项及测量
价值主张的转变	企业向顾客传达的价值理念的转变	A21	与转型前相比，企业向顾客传达的价值理念的变化程度： 保留原有的价值理念（或进行很小的升级调整）=1；引入新的价值理念，保持原有价值理念（或者放弃价值理念的部分内容，保留部分价值理念的内容），但是仍以原有的价值理念为主=2；引入新的价值理念，保持原有价值理念（或者放弃价值理念的部分内容，保留部分价值理念的内容），二者同时并存，地位相同=3；引入新的价值理念，保持原有价值理念（或者放弃价值理念的部分内容，保留部分价值理念的内容），但是以新的价值理念为主=4；引入新的价值理念，完全抛弃原有的价值理念=5
	产品/服务组合等方面所做的调整与改变	A31	与转型前相比，企业所提供的产品/服务组合的变化程度： 企业保持产品/服务组合，没有大的变化=1；有新产品/服务组合的出现，原有产品/服务组合（或者产品/服务组合的结构发生变化，产品/服务组合的主导地位发生变化，或放弃部分产品/服务组合）与新产品/服务组合并存，但是，新产品/服务组合并不处于主导地位（或者没有新产品/服务组合的出现）=2；有新产品/服务组合的出现，原有产品/服务组合（或者产品/服务组合的结构发生变化，产品/服务组合的主导地位发生变化，或放弃部分产品/服务组合）与新产品/服务组合并存，二者处于同等重要的地位=3；原有产品/服务组合（或者产品/服务组合的结构发生变化，产品/服务组合的主导地位发生变化，或放弃部分产品/服务组合）与新产品/服务组合并存，但是，新产品/服务组合处于主导地位=4；完全放弃原有的产品/服务组合，从事经营新的产品/服务组合=5
价值支撑的转变	业务流程的调整与转变	B11	与转型前相比，企业生产/服务过程所需要资源的变化程度： 企业需要购买的要素（或组件、产品）与原来需要购买的种类相同（没有增加或减少）=1；企业增加了新的种类，但仍然以原来需要购买的要素（或放弃部分原来需要购买的要素，保留部分原来需要购买的各种要素）为主=2；企业保留原来需要购买的要素（或放弃部分原来需要购买的要素，保留部分原来需要购买的各种要素），但是增加了新的种类，二者同等重要=3；企业保留原来需要购买的要素（或放弃部分原来需要购买的要素，保留部分原来需要购买的各种要素），增加了新的种类，但是以新的种类为主=4；放弃原来需要购买的要素，企业需要购买全新类型的要素=5
		B12	与转型前相比，企业从事的价值链环节的变化程度： 企业停留在原有的价值链环节上，没有变化=1；企业向所在价值链的上游或下游移动，保留原有环节（或放弃原有的部分环节，保留原有的某些环节），但是以原来所有的价值链环节为主=2；企业向所在价值链的上游或下游移动，保留原有环节（或放弃原有的部分环节，保留原有的某些环节），新旧的价值链环节都是同样重要的=3；企业向所在价值链的上游或下游移动，保留原有环节（或放弃原有的部分环节，保留原有的某些环节），但是以新的价值链环节为主=4；企业放弃原有的价值链环节，完全从事新选择的环节=5
		B13	与转型前相比，企业从事的价值链链条的变化程度： 企业仍然在原有的价值链上，没有进入新的价值链=1；企业进入另一条价值链的某些环节，与原有的价值链并存，但以原有的价值链为主=2；企业进入另一条价值链的某些环节，与原有的价值链并存，二者同等重要=3；企业进入另一条价值链的某些环节，与原有的价值链并存，但是以新的价值链为主要发展方向=4；企业放弃原有的价值链，全力从事另一条价值链=5

续表

维度	子维度	题号	题项及测量
价值支撑的转变	业务流程的调整与转变	B14	与转型前相比，企业生产/服务过程的变化程度： 企业的生产/服务过程主要有三种类型：一是完全自产；二是完全外包；三是部分自产，部分外包，该类型又可分为：以自产为主、以外包为辅，以外包为主、以自产为辅，外包和自产同等重要 编码确定的规则如下： 企业保持原有的生产/服务过程不变 = 1；企业由完全自产到以自产为主、以外包为辅，或由完全外包到以外包为主、以自产为辅，或由以外包为主、以自产为辅（以自产为主、以外包为辅）到外包和自产同等重要，或由外包和自产同等重要转到以外包为主、以自产为辅（以自产为主、以外包为辅）= 2；由完全自产（完全外包）到外包和自产同等重要 = 3；由完全自产到以外包为主、以自产为辅，或由完全外包到以自产为主、以外包为辅，或由以自产为主、以外包为辅转到以外包为主、以自产为辅，或由以外包为主、以自产为辅到以自产为主、以外包为辅，或由外包和自产同等重要转到完全外包或完全自产 = 4；由完全自产转到完全外包，或由完全外包转到完全自产 = 5
	组织结构的调整与转变	B21	与转型前相比，企业组织结构的变化程度： 企业保持原有的组织结构不变 = 1；保持原有组织结构类型不变的情况下，原有组织结构中某些部门的地位提升（或减弱）= 2；保持原有组织结构类型不变的情况下，设立全新的部门或子公司（或消除现有的部门或子公司）= 3；在保持原有组织结构类型的情况下，组织结构进行大的调整 = 4；组织结构类型发生变化 = 5
	研发投入的调整与转变	B31	与转型前相比，企业研发方向的变化程度： 企业对现有项目/技术的继续投入，保持现有的方向不变 = 1；对现有项目/技术的改进 = 2；对现有项目/技术的重大更新 = 3；企业对全新项目/技术的投入，但是保持对现有项目/技术的持续投入 = 4；企业对全新项目/技术的投入，放弃对现有项目/技术的投入 = 5
		B32	与转型前相比，企业研发费用的变化程度： 本研究样本企业的研发费用占主营业务收入的比例不高，一般在15%以内，因此，确定转型开始年度与转型结束年度研发费用占主营业务收入百分比之差的绝对值在0%~3%之间 = 1；该百分比之差的绝对值在3%~6%之间 = 2；该百分比之差的绝对值在6%~9%之间 = 3；该百分比之差的绝对值在9%~12%之间 = 4；该百分比之差的绝对值在12%以上 = 5
	营销方面的调整与转变	B41	与转型前相比，企业营销费用（销售费用/营业费用）的变化程度： 确定转型开始年度与转型结束年度营销费用（销售费用/营业费用）增减绝对值在0%~5%之间 = 1；确定转型开始年度与转型结束年度营销费用（销售费用/营业费用）增减绝对值在5%~10%之间 = 2；确定转型开始年度与转型结束年度营销费用（销售费用/营业费用）增减绝对值在10%~15%之间 = 3；确定转型开始年度与转型结束年度营销费用（销售费用/营业费用）增减绝对值在15%~20%之间 = 4；确定转型开始年度与转型结束年度营销费用（销售费用/营业费用）增减绝对值在20%以上 = 5

续表

维度	子维度	题号	题项及测量
价值支撑的转变	营销方面的调整与转变	B42	与转型前相比，企业品牌塑造策略的变化程度： 本研究将品牌塑造策略分为两大类：一是贴牌（OEM）；二是自有品牌，这个又分为：单一品牌、多品牌、贴牌和自有品牌共存。 编码确定的规则如下： 保持原有的品牌策略不变=1；在原有的品牌策略基础上，引入新的品牌策略，但是以原有的品牌策略为主=2；在原有的品牌策略基础上，引入新的品牌策略，二者同等重要=3；在原有的品牌策略基础上，引入新的品牌策略，以新的品牌策略为主=4；完全放弃原有的品牌策略，从事全新的品牌策略=5
		B43	与转型前相比，企业销售（渠道）模式的变化程度： 销售（渠道）模式没有发生变化=1；引入了新的销售（渠道）模式，原有的销售（渠道）模式仍然存在（或放弃部分原来的渠道，保留部分原来的渠道），但是仍然以原有的模式为主=2；引入了新的销售（渠道）模式，原有的销售（渠道）模式仍然存在（或放弃部分原来的渠道，保留部分原来的渠道），但是新老销售（渠道）模式并存，二者的地位同等重要=3；引入了新的销售（渠道）模式，原有的销售（渠道）模式仍然存在（或放弃部分原来的渠道，保留部分原来的渠道），但是以新的模式为主要方向=4；放弃原有的销售（渠道）模式，全面引入新的模式=5
	合作关系的调整与转变	B51	与转型前相比，企业与主要供应商关系的变化程度： 企业与主要供应商的关系没有变化=1；企业增加了与主要供应商不同类型的供应商，但是仍以主要供应商为主（减少了部分供应商，保留了部分供应商）=2；企业增加了与主要供应商不同类型的供应商，但是仍保持与原有主要供应商（减少了部分供应商，保留了部分供应商）的供应关系，二者地位同等重要=3；企业的供应商以新类型的供应商为主，但保留了部分原有供应商=4；企业中止与原有供应商的关系，供应商全部为新类型的供应商=5
		B52	与转型前相比，企业与主要客户关系的变化程度： 企业与主要客户的关系没有变化=1；企业增加了其他类型的客户（不同行业、个人/组织），但是仍以原有主要客户为主=2；企业增加了其他类型的客户（不同行业、个人/组织），与原有客户同样重要=3；企业增加了其他类型的客户（不同行业、个人/组织），仍然保持原有客户，但是以新型客户为主=4；企业中止与原有客户的关系，客户全部为新型客户=5
		B53	与转型前相比，企业与竞争对手关系的变化程度： 企业与竞争对手的关系没有变化=1；企业与竞争对手之间的直接竞争关系减弱=2；企业与原有竞争对手从直接竞争变为间接竞争=3；企业与原有竞争对手的关系转换为客户或供应商关系=4；企业与原有竞争对手的关系完全终止，所有竞争对手为全新类型的竞争对手=5
	收入来源结构的调整与转变	B61	与转型前相比，企业收入结构的变化程度： 企业收入结构没有变化=1；企业收入结构中加入新的收入来源，但是，新的收入来源所占比例较低，小于原有收入来源所占的比例=2；企业收入结构中加入新的收入来源，新的收入来源与原有的收入来源同时存在，对收入的贡献同样重要，但是，新的收入来源所占比例未超过原有收入来源所占的比例=3；企业收入结构中加入新的收入来源，并且新的收入来源所占比例超过原有收入来源所占的比例=4；企业收入结构仅包含新的收入来源=5

参 考 文 献

[1] Adner R., Kapoor R..Value creation in innovation ecosystems: how the structure of technological interdependence affects firm performance in new technology generations [J]. Strategic Management Journal, 2010, 31 (3): 306-333.

[2] Aikin L.S., West S.G.. Multiple regression: testing and interpreting interactions [M]. London: Sage Publications, 1991.

[3] Amit R., Zott C.. Value creation in E-business [J]. Strategic Management Journal, 2001, 22 (6/7): 493-520.

[4] Ancona D.G., Caldwell D.F.. Demography and design: predictors of new product team performance [J]. Organization Science, 1992, 3 (3): 321-341.

[5] Andries P., Debackere K.. Business model innovation: propositions on the appropriateness of different learning approaches [J]. Creativity and Innovation Management, 2013, 22 (4): 337-358.

[6] Aspara J., Hietanen J., Tikkanen H.. Business model innovation VS replication: financial performance implications of strategic emphases [J]. Journal of Strategic Marketing, 2010, 18 (1): 39-56.

[7] Aspara J., Lamberg J.A., Laukia A., Tikkanen H.. Strategic management of business model transformation: lessons from Nokia [J]. Management Decision, 2011, 49 (4): 622-647.

[8] Aspara J., Lamberg J.A., Laukia A., Tikkanen H.. Corporate business model transformation and inter-organizational cognition: the case of Nokia [J]. Long Range Planning, 2013, 46 (6): 459-474.

[9] Auer C., Follack M.. Using action research for gaining competitive advantage out of the Internet's impact on existing business models [R]. 15th Bled Electronic Commerce Conference eReality: Constructing the eEconomy Bled, Slovenia, 2002, June 17-19: 767-783.

[10] Baden-Fuller C., Morgan M.S.. Business models as models [J]. Long Range Planning, 2010, 43 (2): 156-171.

[11] Bandura A.. Social foundations of thought and action: a social-congitive theory [M]. New Jersey: Prentice Hall, 1986.

[12] Bandura A.. Social cognitive theory: an agentic perspective [J]. Asian Journal of Social Psychology, 1999, 2 (1): 21-41.

[13] Bantel K.A., Jackson S.E.. Top management and innovations in banking: does the composition of the top team make a difference? [J]. Strategic Management Journal, 1989, 10 (S1): 107-124.

[14] Barker III.V.L., Duhaime I.M.. Strategic change in the turnaround process: theory and empirical evidence [J]. Strategic Management Journal, 1997, 18 (1): 13-38.

[15] Barker III.V.L., Patterson Jr.P.W.. Top management team tenure and top manager causal attributions at declining firms attempting turnarounds [J]. Group & Organization Management, 1996, 21 (3): 304-336.

[16] Barker III.V.L., Patterson Jr. P. W., Mueller G. C.. Organizational causes and strategic consequences of the extent of top management team replacement during turnaround attempts [J]. Journal of Management Studies, 2001, 38 (2): 235-270.

[17] Barker III.V.L., Mone M.A.. The mechanistic structure shift and strategic reorientation in declining firms attempting turnarounds [J]. Human Relations, 1998, 51 (10): 1227-1258.

[18] Barney J.B.. Firm resources and sustained competitive advantage [J]. Journal of Management, 1991, 17 (1): 99-120.

[19] Bennett R.J.. The logic of local business associations: an analysis of volun-

tary chambers of commerce [J]. Journal of Public Policy, 1995, 15 (3): 251-279.

[20] Bergh D.D., Fairbank J.F.. Measuring and testing change in strategic management research [J]. Strategic Management Journal, 2002 (23): 359-366.

[21] Bigliardi B., Nosella A., Verbano C.. Business models in Italian biotechnology industry: a quantitative analysis [J]. Technovation, 2005, 25 (11): 1299-1306.

[22] Björkdahl J.. Technology cross-fertilization and the business model: the case of integrating ICTs in mechanical engineering products [J]. Research Policy, 2009, 38 (9): 1468-1477.

[23] Blan P.M.. Inequality and heterogeneity [M]. New York: Free Press, 1977.

[24] Blumenthal B., Hasperlagh P.. Toward a definition of corporate transformation [J]. Sloan Management Review, 1994, 35 (3): 101-106.

[25] Bogner W.C., Barr P.S.. Making sense in hypercompetitive environments: a cognitive explanation for the persistence of high velocity competition [J]. Organization Science, 2000, 11 (2): 212-226

[26] Bohnsack R., Pinkse J., Kolk A.. Business models for sustainable technologies: exploring business model evolution in the case of electric vehicles [J]. Research Policy, 2014, 43 (2): 284-300.

[27] Bourgeois L.J.. Strategic goals, perceived uncertainty, and economic performance in volatile environments [J]. Academy of Management Review, 1985, 28 (3): 548-573.

[28] Breyer F.. Rational purchase of medical care and differential insurance coverage for diagnostic services [J]. Journal of Health Economics, 1982, 1(2): 147-156.

[29] Brink J., Holmén M.. Capabilities and radical changes of the business models of new bioscience firms [J]. Greativity and Innovation Management 2009, 18 (2): 109-120.

[30] Brush C.G., Vanderwerf P. A.. A comparison of methods and sources for

obtaining estimates of new venture performance [J]. Journal of Business Venturing, 1992, 7 (2): 157-170.

[31] Bullock R.J., Tubbs M.E.. The case meta-analysis method for OD [J]. Research in Organizational Change and Development, 1987 (1): 171-228.

[32] Bunderson J.S., Sutcliffe K.M.. Comparing alternative conceptualizations of functional diversity in management teams: process and performance effects [J]. Academy of Management Journal, 2002, 45 (5): 875-893.

[33] Buyl T., Boone C., Hendriks W., Matthyssens P.. Top management team functional diversity and firm performance: the moderating role of CEO characteristics [J]. Journal of Management Studies, 2011, 48 (1): 151-177.

[34] Cagnina M.R., Poian M.. Beyond E-business models: the road to virtual worlds [J]. Electron Commerce Research, 2009, 9 (1/2): 49-75.

[35] Camisón C., López A.V.. Business models in Spanish industry: a taxonomy-based efficacy analysis [J]. Management, 2010, 13 (4): 298-317.

[36] Cao Q., Simsek Z., Zhang H.. Modelling the joint impact of the CEO and the TMT on organizational ambidexterity [J]. Journal of Management Studies, 2010, 47 (7): 1272-1296.

[37] Carpenter M.A.. The price of change: the role of CEO compensation in strategic variation and deviation from industry strategy norms [J]. Journal of Management, 2000, 26 (6): 1179-1198.

[38] Carpenter M.A., Fredrickson J.W.. Top management teams, global strategic posture, and the moderating role of uncertainty [J]. Academy of Management Journal, 2001, 44 (3): 533-545.

[39] Carpenter M.A., Geletkanycz M.A., Sanders W.G.. Upper echelons research revisited: antecedents, elements, and consequences of top management team composition [J]. Journal of Management, 2004, 30 (6): 749-778.

[40] Casadesus-Masanell R., Ricart J.E.. From strategy to business models and onto tactics [J]. Long Range Planning, 2010, 43 (2): 195-215.

[41] Cavalcante S.A., Kesting P., UlhØi J.P.. Business model dynamics: the central role of individual agency [R]. Academy of Management Annual Meeting Proceedings, 2010.

[42] Chatterjee S.. Simple rules for designing business models [J]. California Management Review, 2013, 55 (2): 97-124.

[43] Chattopadhyay P., Glick W.H., Miller C.C., Huber G.P.. Determinants of executive beliefs: comparing functional conditioning and social influence [J]. Strategic Management Journal, 1999, 20 (8): 763-790.

[44] Chen T.Y., Tsaih D., Chen Y.M.. A knowledge-commercialised business model for collaborative innovation environments [J]. International Journal of Computer Integrated Manufacturing, 2010, 23 (6): 543-564.

[45] Chesbrough H.. Business model innovation: it's not just about technology anymore [J]. Strategy & Leadership, 2007, 35 (6): 12-17.

[46] Chesbrough H.. Business model innovation: opportunities and barriers [J]. Long Range Planning, 2010, 43 (2): 354-363.

[47] Chesbrough H.. Why companies should have open business models [J]. MIT Sloan Management Review, 2012, 48 (2): 22-28.

[48] Child J.. Organizational structure, environment and performance: the role of strategic choice [J]. Sociology, 1972, 6 (1): 1-22.

[49] Chung W.W.C., Yamb A.Y.K., Chan M.F.S.. Networked enterprise: a new business model for global sourcing [J]. International Journal of Production Economics, 2004, 87 (3): 267-280.

[50] Cohen W.M., Levinthal D.A.. Absorptive capacity: a new perspective on learning and innovation [J]. Administrative Science Quarterly, 1990, 35 (1): 128-152.

[51] Daft R.L., Sormunen J., Parks D.. Chief executive scanning, environmental characteristics, and company performance: an empirical study [J]. Strategic Management Journal, 1988, 9 (2): 123-139.

[52] Demil B., Lecocq X.. Business model evolution: in search of dynamic consistency [J]. Long Range Planning, 2010, 43 (2/3): 227-246.

[53] Dess G.G., Robinson R.B.. Measuring organizational performance in the absence of objective measures: the case of the privately-held firm and conglomerate business unit [J]. Strategic Management Journal, 1984, 5 (3): 265-273.

[54] Dess G.G., Newport S., Rasheed A.M.A.. Configuration research in strategic management: key issues and suggestions [J]. Journal of Management, 1993, 19 (4): 775-795.

[55] Dierickx I., Cool K.. Asset stock accumulation and sustainability of competitive advantage [J]. Management Science, 1989, 35 (12): 1504-1511.

[56] Doz Y.L., Kosonen M.. Embedding strategic agility: a leadership agenda for accelerating business model renewal [J]. Long Range Planning, 2010, 43 (2): 370-382.

[57] Eisenhardt K.M.. Building theories from case study research [J]. Academy of Management Review, 1989, 14 (4): 532-550.

[58] Eisenhardt K. M., Bourgeois III L. J.. Politics of strategic decision making in high-velocity environments: toward a midrange theory [J]. Academy of Management Journal, 1988, 31 (4): 737-770.

[59] Fischer H.M., Pollock T.G.. Effects of social capital and power on surviving transformational change: the case of initial public offerings [J]. Academy of Management Journal, 2004, 47 (4): 463-481.

[60] Fiske S.T., Taylor S.E.. Social cognition: from brains to culture [M]. New York: McGraw-Hill, 1991.

[61] Fleury A., Fleury M.T.L.. Local enablers of business models: the experience of Brazilian multinationals acquiring in North America [J]. Journal of Business Research, 2014, 67 (4): 516-526.

[62] Galbraith J.R.. Designing complex organizations [M]. MA: Addison-Wesley Longman Publishing, 1973.

[63] Giesen E., Riddleberger E., Christner R., Bell R.. When and how to innovate your business model [J]. Strategy & Leadership, 2010, 38 (4): 17-26.

[64] Glaser B.G., Strauss A.L.. The discovery of grounded theory: strategies for qualitative research [M]. New York: Aldine, 1967.

[65] Golden B.R., Zajac E.J.. When will boards influence strategy? Inclination× power=strategic change [J]. Strategic Management Journal, 2001, 22 (12): 1087-1111.

[66] Govindarajan V., Trimble C.. The CEO's role in business model reinvention [J]. Harvard Business Review, 2011, 89 (1/2): 108-114.

[67] Graham K.R., Richards M.D.. Relative performance deterioration, management and strategic change in rail-based holding companies [J]. Academy of Management Proceedings, 1979 (1): 108-112.

[68] Gummesson E.. Qualitative methods in management research [M]. Newbury Park: Sage Publications, 1999.

[69] Hair J.F., Anderson R.E., Tatham R.L., Black W.C.. Multivariate data analysis [M]. New Jersey: Prentice Hall, 1998.

[70] Haleblian J., Finkelstein S.. Top management team size, CEO dominance, and firm performance: the moderating roles of environmental turbulence and discretion [J]. Academy of Management Journal, 1993, 36 (4): 844-863.

[71] Hall B.H., Jaffe A., Trajtenberg M.. Market value and patent citations [J]. RAND Journal of Economic, 2005, 36 (1): 16-38.

[72] Hambrick D.C.. Environment, strategy, and power within top management teams [J]. Administrative Science Quarterly, 1981, 26 (2): 253-275.

[73] Hambrick D.C., Mason P.A.. Upper echelons: the organization as a reflection of its top managers [J]. Academy of Management Review, 1984, 9 (2): 193-206.

[74] Hambrick D.C., Cho T.C., Chen M.J.. The influence of top management team heterogeneity on firms' competitive moves [J]. Administrative Science Quarterly,

1996, 41 (4): 659-684.

[75] Hannan M.T., Freeman J.. Structural inertia and organizational change [J]. American Sociological Review, 1984, 49 (2): 149-164.

[76] Haveman H.A.. Between a rock and a hard place: organizational change and performance under conditions of fundamental environmental transformation [J]. Administrative Science Quarterly, 1992, 37 (1): 48-75.

[77] Hayes J., Finnegan P.. Assessing the of potential of e-business models: towards a framework for assisting decision-makers [J]. European Journal of Operational Research, 2005, 160 (2): 365-379.

[78] Haynes K.T., Hillman A.. The effect of board capital and CEO power on strategic change [J]. Strategic Management Journal, 2010, 31 (11): 1145-1163.

[79] Helmich D.. Executive succession in the corporate organization: a current integration [J]. Academy of Management Review, 1977, 2 (2): 252-266.

[80] Hill C.W.L., Jones G.R.. Strategic management: an integrated approach [M]. Boston: Cengage Learning, 2007.

[81] Hoffman L.R., Maier N.R.F.. Quality and acceptance of problem solutions by members of homogeneous and heterogeneous groups [J]. The Journal of Abnormal and Social Psychology, 1961, 62 (2): 401-407.

[82] Hwang J., Christensen C.M.. Disruptive innovation in health care delivery: a framework for business-model innovation [J]. Health Affairs, 2008, 27 (5): 1329-1335.

[83] Itami H., Nishino K.. Killing two birds with one stone: profit for now and learning for the future [J]. Long Range Planning, 2010, 43 (2): 364-369.

[84] Jauch L.R., Osborn R.N., Martin T.N.. Structured content analysis of cases: a complementary method for organizational research [J]. Academy of Management Review, 1980, 5 (4): 517-525.

[85] Johnson M.W.. Seizing the white space: business model innovation for growth and renewal [M]. Boson: Harvard Business Press, 2010.

[86] Johnson M.W., Christensen C.M., Kagermann H.. Reinventing your business model [J]. Harvard Business Review, 2008, 86 (12): 57-68.

[87] Kaiser H.F.. An index of factorial simplicity [J]. Psychometrika, 1974, 39 (1): 31-36.

[88] Kamoun F.. Rethinking the business model with RFID [J]. Commuications of the Association for Information Systems, 2008, 22 (1): 635-658.

[89] Katz R.. The effects of group longevity on project communication and performance [J]. Administrative Science Quarterly, 1982 (27): 81-104.

[90] Keck S.L.. Top management team structure: differential effects by environmental context [J]. Organization Science, 1997, 8 (2): 143-156.

[91] Kimberly J. R., Evanisko M. J.. Organizational innovation: the influence of individual, organizational, and contextual factors on hospital adoption of technological and administrative innovations [J]. Academy of Management Journal, 1981, 24 (4): 689-713.

[92] King W.R.. Organizational transformation [J]. Information Systems Management, 1997, 14 (2): 63-65.

[93] Klang D., Hacklin F.. Retaining fit between business models and product market strategies in changing environments [J]. International Journal of Product Development, 2013, 18 (3): 311-343.

[94] Knight D., Pearce C.L., Smith K.G., Olian J. D., Sims H.P., Smith K. A., Flood P.. Top management team diversity, group process, and strategic consensus [J]. Strategic Management Journal, 1999, 20 (5): 445-465.

[95] Knippenberg V.D., Dreu C.K.W., Homan A.C.. Work group diversity and group performance: an integrative model and research agenda [J]. Journal of Applied Psychology, 2004, 89 (6): 1008-1022.

[96] Koen P.A., Bertels H. M. J., Elsum I. R.. The three faces of business model innovation: challenges for established firms[J]. Research-Technology Management, 2011, 54 (3): 52-59.

[97] Konde V.. Biotechnology business models: an Indian perspective [J]. Journal of Commercial Biotechnology, 2009, 15 (3): 215-226.

[98] Kotter J.F.. General managers [M]. New York: Free Press, 1986.

[99] Kujala S., Artto K., Aaltonen P., Turkulainen V.. Business models in project-based firms-towards a typology of solution-specific business models [J]. International Journal of Project Management, 2010, 28 (2): 96-106.

[100] Lant T.K., Milliken F.J., Batra B.. The role of managerial learning and interpretation in strategic persistence and reorientation: an empirical exploration [J]. Strategic Management Journal, 1992, 13 (8): 585-608.

[101] Larsson R.. Case survey methodology: quantitative analysis of patterns across case studies [J]. Academy of Management Journal, 1993, 36 (6): 1515-1546.

[102] Larsson R., Finkelstein S.. Integrating strategic, organizational, and human resource perspectives on mergers and acquisitions: a case survey of synergy realization [J]. Organization Science, 1999, 10 (1): 1-26.

[103] Leavy B.. A system for innovating business models for breakaway growth [J]. Strategy & Leadership, 2010, 38 (6): 5-15.

[104] Lee S.M.. Dynamic Interaction on the web: determinants of E-business model performance [D]. University of Oregon, 2005.

[105] Levitt B., March J.G.. Organizational learning [J]. Annual Review of Sociology, 1988, 14 (1): 319-340.

[106] Li H., Meng L., Zhang J.. Why do entrepreneurs enter politics? Evidence from China [J]. Economic Inquiry, 2006, 44 (3): 559-578.

[107] (a) Lin N.. Social networks and status attainment [J]. Annual Review of Sociology, 1999 (25): 467-487.

[108] (b) Lin N.. Building a network theory of social capital [J]. Connections, 1999, 22 (1): 28-51.

[109] Linder J., Cantrell S.. Changing business models: surveying the land-

scape [R]. A Working Paper From the Accenture Institute for Strategic Change, 2000.

[110] Lindgardt Z., Reeves M., Stalk G., Deimler M.S.. Business model innovation: when the game gets tough, change the game [R]. The Boston Consulting Group, 2009.

[111] Lucas W.A.. The case survey method: aggregating case experience [M]. Santa Monica, CA: Rand Corporation, 1974.

[112] Magretta J.. Why business models matter? [J]. Harvard Business Review, 2002, 80 (5): 86-92.

[113] Malone T. W., Weill P., Lai R. K., D'Urso V. T., Herman G., Apel T. G., Woerner S. L.. Do some business models perform better than others? [R]. MIT Sloan Working Paper, 2006.

[114] March J.F., Simon H.. Organizations [M]. Oxford: Blackwell Publishers, 1993.

[115] Mason K.J., Leek S.. Learning to build a supply network: an exploration of dynamic business models [J]. Journal of Management Studies, 2008, 45 (4): 774-799.

[116] McCain B.E., O'Reilly C., Pfeffer J.. The effects of departmental demography on turnover: The case of a university [J]. Academy of Management Journal, 1983, 26 (4): 626-641.

[117] McGrath R. G.. Business models: a discovery driven approach [J]. Long Range Planning, 2010, 43 (2): 247-261.

[118] Meredith J.. Building operations management theory through case and field research [J]. Journal of Operations Management, 1998, 16 (4): 441-454.

[119] Miller D., Friesen P.H.. Strategic-making in context: ten empirical archetypes [J]. Journal of Management Studies, 1977, 14 (3): 253-280.

[120] (a) Miller D., Friesen P.H.. Momentum and revolution in organizational adaptation [J]. Academy of Management Journal, 1980, 23 (4): 591-614.

[121] (b) Miller D., Friesen P.H.. Archetypes of organizational transition [J]. Administrative Science Quarterly, 1980 (25): 268-292.

[122] Miller D., Friesen P.H.. Innovation in conservative and entrepreneurial firms: two models of strategic momentum [J]. Strategic Management Journal, 1982, 3 (1): 1-25.

[123] Miller D., Toulouse J.M.. Chief executive personality and corporate strategy and structure in small firms [J]. Management Science, 1986, 32 (11): 1389-1409.

[124] Mintzberg H., Raisinghani D., Theoret A.. The structure of "unstructured" decision process [J]. Administrative Science Quarterly, 1976 (21): 246-275.

[125] Minniti M., Bygrave W.. A dynamic model of entrepreneurial learning [J]. Entrepreneurship Theory and Practice, 2001, 25 (3): 5-16.

[126] Mitchell D., Coles C.. The ultimate competitive advantage of continuing business model innovation [J]. Journal of Business Strategy, 2003, 24 (5): 15-21.

[127] Morris L.. Business model innovation: the strategy of business breakthroughs [J]. International Journal of Innovation Science, 2009, 1 (4): 191-204.

[128] Morris M., Schindehutte M., Allen J.. The entrepreneur's business model: toward a unified perspective [J]. Journal of Business Research, 2005, 58 (6): 726-735.

[129] Morris M., Schindehutte M., Richardson J., Allen J.. Is the business model a useful strategic concept? Conceptual, theoretical, and empirical insights [J]. Journal of Small Business Strategy, 2006, 17 (1): 27-50.

[130] Morris M. H., Shirokova G., Shatalov A.. The business model and firm performance: the case of Russian food service ventures [J]. Journal of Small Business Management, 2013, 51 (1): 46-65.

[131] Murphy G.B., Trailer J.W., Hill R.C.. Measuring performance in entrepreneurship research [J]. Journal of Business Research, 1996, 36 (1): 15-23.

[132] Muzyka D., Koning A.D., Churchill N.. On transformation and adapta-

tion: building the entrepreneurial corporation [J]. European Management Journal, 1995, 13 (4): 346-362.

[133] Nadolska A., Barkema H.G.. Good learners: how top management teams affect the success and frequency of acquisitions [J]. Strategic Management Journal, 2014, 35 (10): 1483-1507.

[134] Nelson R.R., Winter S.G.. An evolutionary theory of economic change [M]. Cambridge: Belknap, 1982.

[135] Niessen A., Ruenzi S.. Political connectedness and firm performance: evidence from Germany [J]. German Economic Review, 2010, 11 (4): 441-464.

[136] Nystrom P.C., Starbuck W.H.. To avoid organizational crises, unlearn [J]. Organizational Dynamics, 1984, 12 (4): 53-65.

[137] Ordanini A., Micelli S., Maria E.D.. Failure and success of B-to-B exchange business models: a contingent analysis of their performance [J]. European Management Journal, 2004, 22 (3): 281-289.

[138] Osterwalder A.. The business model ontology: a proposition in a design science approach [D]. Universtite De Lausanne, Ecole Des Hautes Etudes Commerciales, 2004.

[139] Osterwalder A., Pigneur Y., Tucci C.L.. Clarifying business models: origins, present, and future of the concept [J]. Communications of the Association for Information Systems, 2005, 16 (1): 1-25.

[140] Papadakis V.M., Barwise P.. How much do CEOs and top managers matter in strategic decision making? [J]. British Journal of Management, 2002, 13 (1): 83-95.

[141] Pandit N.R.. The creation of theory: a recent application of the grounded theory method [J]. The Qulitative Report, 1996, 2 (4): 1-14

[142] Pateli A.G., Giaglis G.M.. A research framework for analysing eBusiness models [J]. European Journal of Information Systems, 2004, 13 (2): 302-314.

[143] Pateli A.G., Giaglis G.M.. Technology innovation-induced business model

change: a contingency approach [J]. Journal of Organizational Chang Management, 2005, 18 (2): 167-183.

[144] Patzelt H., Knyphausen-Aufseβ D.Z., Nikol P.. Top management teams, business models, and performance of biotechnology ventures: an upper echelon perspective [J]. British Journal of Management, 2008, 19 (3): 205-221.

[145] Peng M.W., Luo Y.D.. Managerial ties and firm performance in a transition economy: the nature of a micro-macro link [J]. Academy of Management Journal, 2000, 43 (3): 486-501.

[146] Petrovic O., Kittl C., Teksten R.D.. Developing business models for e-Business [R]. Proceedings of the International Conference on Electronic Commerce, 2001.

[147] Pfeffer J.. Organizational demography [J]. Research in Organizational Behavior, 1983 (5): 299-357.

[148] Pfeffer J., Salancik G.R.. The external control of organizations: a resource dependence perspective [M]. New York: Harper & Row, 1978.

[149] Pitcher P., Smith A.D.. Top management team heterogeneity: personality, power, and proxies [J]. Organization Science, 2001, 12 (1): 1-18.

[150] Prahalad C.K., Hamel G.. The core competence of the corporation [J]. Harvard Business Review, 1990, 68 (3): 79-91.

[151] Pramataris K., Papakiriakopoulos D., Lekakos G., Mylonopoulos N.. Personalized interactive TV advertising: the iMedia business model [J]. Journal of Electronic Markets, 2001, 11 (1): 17-25.

[152] Priem R.L., Butiler J.E., Li S.. Toward reimaging strategy research: retrospection and prospection on the 2011 AMR decade [J]. Academy of Management Review, 2013, 38 (4): 471-489.

[153] Pries F., Guild P.. Commercializing inventions resulting from university research: analyzing the impact of technology characteristics on subsequent business models [J]. Technovation, 2011, 31 (4): 151-160.

[154] Provance M., Donnelly R.G., Carayannis E.G.. Institutional influences on business model choice by new ventures in the microgenerated energy industry [J]. Energy Policy, 2011, 39 (9): 5630-5637.

[155] Pulakos E.D., Wexley K.N.. The relationship among perceptual similarity, sex, and performance ratings in manager-subordinate dyads [J]. Academy of Management Journal, 1983, 26 (1): 129-139.

[156] Quinn J.B.. Strategy for change: logical incrementalism [M]. Homewood, IL: Irwin, 1980.

[157] Quinn J.B.. Managing innovation: controlled chaos [J]. Harvard Business Review, 1985, 63 (3): 73-84.

[158] Rajagopalan N., Datta D.K.. CEO characteristics: does industry matter? [J]. Academy of Management Journal, 1996, 39 (1): 197-215.

[159] Rajala R., Westerlund M.. Capability dynamic and business model transformation in software industry [R]. 6th Global Conference on Business & Economics, 2006.

[160] (a) Rajala R.. Antecedents to and performance effects of software firms' business models [R]. HSE Working Paper, 2009.

[161] (b) Rajala R.. Determinants of business model performance in software firms [M]. Helsinki School of Economics: HSE Print, 2009.

[162] Reuver M. D., Bouwman H., MacInnes L.. Business model dynamics: a case survey [J]. Journal of Theoretical and Applied Electronic Commerce Research, 2009, 4 (1): 1-11.

[163] Reuver M.D., Bouwman H., Haaker T.. Business model roadmapping: a practical approach to come from an existing to a desired business model [J]. International Journal of Innovation Management, 2013, 17 (1): 1-18.

[164] Rupik K.. Business models of Polish clothing companies in their expansion into the CEE markets [J]. Journal of Economics & Management, 2009 (6): 113-139.

[165] Sabatier V., Mangematin V., Rousselle T.. From recipe to dinner:

business model portfolios in the European biopharmaceutical industry [J]. Long Range Planning, 2010, 43 (2): 431-447.

[166] Samavi R., Yu E., Topaloglou T.. Strategic reasoning about business models: a conceptual modeling approach [J]. Information System and e-Business Management, 2009, 7 (2): 171-198.

[167] Sánchez P., Ricart J.. Business model innovation and sources of value creation in low-income markets [J]. European Management Review, 2010, 7 (3): 138-154.

[168] Santos J., Spector B., Heyden L.V.D.. Toward a theory of business model innovation within incumbent firms [R]. INSEAD, Fontainebleau, 2009.

[169] Sapienza H. J., Grimm C.M.. Founder characteristics, start-up process, and strategy/structure variables as predictors of shortline railroad performance [J]. Entrepreneurship Theory Practice, 1997, 22 (1): 5-24.

[170] Schroder H. M., Michael J. D., Streufert S.. Human information processing: individuals and groups functioning in complex social situations [M]. New York: Holt, Rinehart and Winston, 1967.

[171] Schweizer L.. Concept and evolution of business model [J]. Journal of General Management, 2005, 31 (2): 37-56.

[172] Shafer M.S., Smith H.J., Linder J.C.. The power of business models [J]. Business Horizons, 2005, 48 (3): 199-207.

[173] Shi Y.W., Manning T.. Understanding business models and business model risks [J]. The Journal of Private Equity, 2009, 12 (2): 49-59.

[174] Smith W. K., Binns A., Tushman M.L.. Complex business models: managing strategic paradoxes simultaneously [J]. Long Range Planning, 2010, 43 (2): 448-461.

[175] Smith K.G., Smith K.A., Olian J.D.. Top management team demography and process: the role of social integration and communication [J]. Administrative Science Quarterly, 1994 (39): 412-438.

[176] Sorescu A., Frambach R.T., Singh J., Rangaswamy A., Bridges C.. Innovations in retail business models [J]. Journal of Retailing, 2011 (87): S3–S16.

[177] Sosna M., Trevinyo-Rodríguez R.N., Velamuri S.R.. Business model innovation through trial-and-error learning: the Naturhouse case [J]. Long Range Planning, 2010, 43 (2): 383–407.

[178] Sterman J.D.. Business dynamics: system thinking and modeling for a complex world [M]. Boston: McGraw-Hill, 2000.

[179] Strauss A.L.. Qualitative analysis for social scientists [M]. Cambridge: Cambridge University Press, 1987.

[180] Strauss A.L., Corbin J.M.. Basics of qualitative research: techniques and procedures for developing grounded theory [M]. CA: Sage Publications, 1998.

[181] Strauss A.L., Corbin J. M.. 质性研究入门: 扎根理论研究方法 [M]. 吴芝仪, 廖梅花译. 嘉义市 (中国台湾): 涛石文化事业有限公司, 2001.

[182] Sutcliffe K.M.. What executives notice: accurate perceptions in top management teams [J]. Academy of Management Journal, 1994, 37 (5): 1360–1378.

[183] Svejenova S., Planellas M., Vives L.. An individual business model in the making a Chef's for creative freedom [J]. Long Range Planning, 2010, 43 (2): 408–430.

[184] Teece D.J.. Business models: business strategy and innovation [J]. Long Range Planning, 2010, 43 (2): 172–194.

[185] Teece D., Pisano G.. The dynamic capabilities of firms: an introduction [J]. Industrial and Corporate Change, 1994, 3 (3): 537–556.

[186] Teece D., Pisano G., Shuen A.. Dynamic capabilities and strategic management [J]. Strategic Management Journal, 1997, 18 (7): 509–533.

[187] Tihanyi L., Ellstrand A.E., Daily C.M., Dalton D.R.. Composition of the top management team and firm international diversification [J]. Journal of Management, 2000, 26 (6): 1157–1177.

[188] Tikkanen H., Lamberg J.A., Parvinen P., Kallunki J.P.. Managerial

cognition, action and the business model of the firm [J]. Management Decision, 2005, 43 (6): 789-809.

[189] Triandis H.C., Kurowski L.L., Gelfand M. J.. Workplace diversity [J]. Handbook of Industrial & Organizational Psychology, 1994 (4): 769-827.

[190] Tripsas M., Gavett G.. Capabilities, cognition, and inertia: evidence from digital imaging [J]. Strategic Management Journal, 2000, 21 (10-11): 1147-1161.

[191] Tushman M.L., Romanelli E.. Organizational evolution: a metamorphosis model of convergence and reorientation [J]. Research in Organizational Behavior, 1985 (7): 171-222.

[192] Virany B., Tushman M.L.. Top management teams and corporate success in emerging industry [J]. Journal of Business Venturing, 1986, 1 (3): 261-274.

[193] Voelpel S., Leibold M., Tekie E., Krogh G.V.. Escaping the red queen effect in competitive strategy: sense-testing business models [J]. European Management Journal, 2005, 23 (1): 37-49.

[194] Wagner W.G., Pfeffer J., O'Reilly III. C. A.. Organizational demography and turnover in top-management group [J]. Administrative Science Quarterly, 1984 (29): 74-92.

[195] Walsh J.P.. Selectivity and selective perception: an investigation of managers' belief structures and information processing[J]. Academy of Management Journal, 1988, 31 (4): 873-896.

[196] Weick K.E.. Sensemaking in organizations [M]. Newbury Park: Sage Publications, 1995.

[197] Weick K.W.. Organizational culture as a source of high reliability [J]. California Management Review, 1987, 29 (2): 112-127.

[198] Wernerfelt B.. A resource-based view of the firm [J]. Strategic Management Journal, 1984, 5 (2): 171-180.

[199] Wiersema M.F., Bantel K.A.. Top management team demography and cor-

porate strategic change [J]. Academy of Management Journal, 1992, 35 (1): 91-121.

[200] Wiersema M.F., Bantel K.A.. Top management team turnover as an adaptation mechanism: the role of the environment [J]. Strategic Management Journal, 1993, 14 (7): 485-504.

[201] Willemstein L., Valk T.V.D., Meeus M.T.H.. Dynamics in business models: an empirical analysis of medical biotechnology firms in the Netherlands [J]. Technovation, 2007, 27 (4): 221-232.

[202] Wirtz B.W., Schilke O., Ullrich S.. Strategic development of business models-implications of the Web 2.0 for creating value on the Internet [J]. Long Range Planning, 2010, 43 (2): 272-290.

[203] Wu X.B., Ma R.F., Shi Y.J.. How do latercomer firms capture value from disruptive technologies? A secondary business –model innovation perspective [J]. Transactional on Engineering Management, 2010, 57 (1): 51-62.

[204] Yin R.K., Heald K.A.. Using the case survey method to analyze policy studies [J]. Administrative Science Quarterly, 1975, 20 (3): 371-381.

[205] Yin R.K.. The case study crisis: some answers [J]. Administrative Science Quarterly, 1981 (26): 58-65.

[206] Yin R.K.. Case study research: design and methods [M]. London: Sage Puclications, 2003.

[207] Yunus M., Moingeon B., Ortega L.L.. Building social business models: lessons from the Grameen experience [J]. Long Range Planning, 2010, 43 (2): 308-325.

[208] Zajac E. J., Golden B. R., Shortell S. M.. New organizational forms for enhancing innovation: the case of internal corporate joint ventures [J]. Management Science, 1991, 37 (2): 170-184.

[209] Zott C., Amit R.. Business model design and the performance of entrepreneurial firms [J]. Organization Science, 2007, 18 (2): 181-199.

[210] Zott C., Amit R.. The fit between product market strategy and business model: implications for firm performance[J]. Strategy Management Journal, 2008, 29(1): 1-26.

[211] Zott C., Amit R.. Business model design: an activity system perspective[J]. Long Range Planning, 2010, 43(2): 216-226.

[212] Zott C., Amit R., Massa L.. The business model: recent developments and future research[J]. Journal of Management, 2011, 37(4): 1019-1042.

[213] [美]彼得·德鲁克. 不连续的时代[M]. 张心漪译. 中国台北: 远东书局, 1973.

[214] [美]彼得·德鲁克(Peter F.Drucker), 约瑟夫·马恰列洛(Joseph A. Maciariello). 德鲁克日志[M]. 蒋旭峰, 王珊珊等译. 上海: 上海译文出版社, 2010.

[215] 边燕杰, 丘海雄. 企业的社会资本及其功效[J]. 中国社会科学, 2000(2): 87-99.

[216] 陈劲, 李飞宇. 社会资本: 对技术创新的社会学诠释[J]. 科学学研究, 2001, 9(3): 102-107.

[217] 陈爽英, 井润田, 龙小宁等. 民营企业家社会关系资本对研发投资决策影响的实证研究[J]. 管理世界, 2010(1): 88-97.

[218] 陈向明. 质性研究方法与社会科学研究[M]. 北京: 教育科学出版社, 2000.

[219] 程绪平. 我国资源稀缺性与资源产业的发展选择[J]. 经济研究, 1991(9): 22-67.

[220] 程愚. 商务模式原理[M]. 北京: 经济科学出版社, 2010.

[221] 邓新明, 熊会兵, 李剑锋等. 政治关联、国际化战略与企业价值——来自中国民营上市公司面板数据的分析[J]. 南开管理评论, 2014, 17(1): 26-43.

[222] [美]弗雷德·鲁森斯. 组织行为学(第9版)[M]. 王垒等译. 北京: 人民邮电出版社, 2008.

[223] 付悦，宁南. 组织性格影响因素研究：组织、环境及其交互作用 [J]. 南开管理评论，2014（3）：122-132.

[224] 郭毅夫. 商业模式创新与企业竞争优势的实证研究 [J]. 科技与管理，2010，12（4）：26-29.

[225] 姜付秀，屈耀辉，陆正飞等. 产品市场竞争与资本结构动态调整 [J]. 经济研究，2008（4）：99-110.

[226] 孔伟杰. 制造业企业转型升级影响因素研究——基于浙江省制造业企业大样本问卷调查的实证研究 [J]. 管理世界，2012（9）：120-131.

[227] 李东，王翔，张晓玲等. 基于规则的商业模式研究——功能、结构与构建方法 [J]. 中国工业经济，2010（9）：101-111.

[228] 李东，苏江华. 技术革命、制度变革与商业模式创新——论商业模式理论与实践的若干重大问题 [J]. 东南大学学报（哲学社会科学版），2011，13（2）：31-38.

[229] 李飞. 企业成长路径与商业模式的动态演进研究 [D]. 天津大学博士学位论文，2011.

[230] 李黎. 国外商务模式研究前沿探析与未来展望 [J]. 商业研究，2011（10）：196-201.

[231] 李路路. 社会资本与私营企业家——中国社会结构转型的特殊动力 [J]. 社会学研究，1995（6）：46-58.

[232] 李志刚，李兴旺. 蒙牛公司快速成长模式及其影响因素研究——扎根理论研究方法的运用 [J]. 管理科学，2006，19（3）：2-7.

[233] 刘军. 管理研究方法：原理与应用 [M]. 北京：中国人民大学出版社，2008.

[234] 卢谢峰，韩立敏. 中介变量、调节变量与协变量——概念、统计检验及其比较 [J]. 心理科学，2007（4）：934-936.

[235] [美] 迈克尔·波特. 竞争优势 [M]. 陈小悦译. 北京：华夏出版社，1997.

[236] [美] 迈克尔·波特. 国家竞争优势 [M]. 邱如美，李明轩译. 北京：华

夏出版社，2002.

[237] [美]迈克尔·波特.竞争战略[M].陈小悦译.北京：华夏出版社，2005.

[238] 毛蕴诗，蓝定.技术进步与行业边界模糊——企业战略反应与政府相关政策[J].中山大学学报（社会科学版），2006，46（4）：109-113.

[239] 丘海雄，徐建牛.产业集群技术创新中的地方政府行为[J].管理世界，2004（10）：36-45.

[240] 苏敬勤，崔淼.工商管理案例研究方法[M].北京：科学出版社，2011.

[241] 孙铮，刘凤委，李增泉.市场化程度、政府干预与企业债务期限结构[J].经济研究，2005（5）：52-63.

[242] 翁君奕.商务模式创新：企业经营"魔方"的旋启[M].北京：经济管理出版社，2004.

[243] 翁君奕.面向动态完全竞争构建多维协同组合战略[J].南开管理评论，2007，10（4）：80-85.

[244] 翁君奕.历变不衰路线图：道德经大发现[M].上海：上海财经大学出版社，2011.

[245] [美]威廉·D.贝里（William D.Berry）等著.吴晓刚主编.因果关系模型[M].上海：格致出版社/上海人民出版社，2011.

[246] 文亮.商业模式与创业绩效及其影响因素关系研究[D].中南大学博士学位论文，2011.

[247] 吴明隆.问卷统计分析实务——SPSS操作与应用[M].重庆：重庆大学出版社，2010.

[248] 吴军民.行业协会的组织运作：一种社会资本分析视角[J].管理世界，2005（10）：50-56.

[249] 王世权，牛建波.利益相关者参与公司治理的途径研究——基于扎根理论的雷士公司控制权之争的案例分析[J].科研管理，2009（4）：105-114.

[250] 王翔，李东，张晓玲.商业模式是企业间绩效差异的驱动因素吗？基

于中国有色金属上市公式的 ANOVA 分析 [J]. 南京社会科学, 2010（5）: 20-26.

[251] 温忠麟, 侯杰泰, 张雷. 调节效应与中介效应的比较和应用 [J]. 心理学报, 2005, 37（2）: 268-274.

[252] 项国鹏. 企业战略管理范式的转型 [J]. 经济管理, 2001（16）: 4-11.

[253] 谢绚丽, 赵胜利. 中小企业的董事会结构与战略选择——基于中国企业的实证研究 [J]. 管理世界, 2011（1）: 101-111.

[254] 邢小强, 仝允桓, 陈晓鹏. 金字塔底层市场的商业模式: 一个多案例研究 [J]. 管理世界, 2011（10）: 108-124.

[255] 姚俊, 吕源, 蓝海林. 我国上市公司多元化与经济绩效关系的实证研究 [J]. 管理世界, 2004（11）: 119-125.

[256] [美] 伊查克·爱迪思. 企业生命周期 [M]. 赵睿译. 北京: 中国社会科学出版社, 1997.

[257] [英] 伊迪丝·彭罗斯. 企业成长理论 [M]. 赵晓译. 上海: 上海三联书店, 2007.

[258] 曾德明, 周蓉, 陈立勇. 环境动态性、资本结构与公司绩效关系的研究 [J]. 财经研究, 2004, 30（3）: 67-74.

[259] 张平, 蓝海林. 我国上市公司高层管理团队异质性与企业绩效的关系研究 [M]. 北京: 经济科学出版社, 2005.

[260] 张伟年, 陈传明. 企业家社会资本与创新战略选择——变革型领导风格调节影响 [J]. 金融理论与实践, 2014（4）: 20-24.

[261] 郑称德, 许爱林, 赵佳英. 基于跨案例扎根分析的商业模式结构模型研究 [J]. 管理科学, 2011, 24（4）: 1-13.

[262] 郑江淮, 江静. 理解行业协会 [J]. 东南大学学报（哲学社会科学版）, 2007（11）: 55-62.

[263] 郑石明. 商业模式变革 [M]. 广州: 广东经济出版社, 2006.

[264] 周小虎, 陈传明. 企业社会资本与持续竞争优势 [J]. 中国工业经济, 2004（5）: 90-96.

致　谢

本书是在笔者博士论文基础上修改而成的。商务模式研究领域是一个充满生机与活力的领域，吸引了众多国内外知名学者的关注。笔者非常有幸能够师从我国商务模式研究领域中的领军人物之一——厦门大学社会科学部主任翁君奕教授，投入对商务模式的研究。基于企业实践中新商务模式的不断涌现及已有成功商务模式（如诺基亚、柯达）的失败，加上恩师的指引，笔者产生了从事商务模式转型研究的动机。然而，国内外已有研究对商务模式转型探讨的不足使得笔者在研究中遇到诸多"瓶颈"，幸而有恩师指点迷津，才得以克服困难。在修改期间，笔者非常欣慰地看到国外相关学者对商务模式转型的研究在逐渐增加，并将相关的研究观点纳入本书中。本书的部分内容曾在中国管理学年会及相关国际会议上进行了交流。虽经多次修改，本书得以最终定稿，然而，笔者的学术研究资历尚浅，加上能力有限，欢迎各位同仁对本书予以批评指正！

在本书交付出版之际，首先感谢笔者的博士生导师——翁君奕教授。恩师耳提面命、谆谆教导，如春风化雨，令笔者茅塞顿开。在本书写作过程中，每一条建议的提出、每一本书的推荐、每一个标点的改动、每一个错别字的修正，均饱含着恩师对学生的教育之恩、对学生的爱护之情！博士学习生涯中的点点滴滴，如跳跃的音符，谱写了一首满含深厚师生情义的歌曲！这份师生情义，将令笔者终生难忘。恩师超凡脱俗的人格魅力和极具创新的学术研究风格，令笔者敬仰、崇拜！向恩师学习的过程中，笔者获益匪浅。

在写作过程中，曾得到厦门大学管理学院唐炎钊老师、郭朝阳老师、赵蓓老师、周星老师、徐迪老师、谢导老师、刘雪峰老师、夏艳辉老师、彭文清老师、王小富老师、石云老师的帮助和支持，在此表示感谢。另外，感谢2011年中国管理研究国际学会上著名学者 Mike Peng 老师给予的指导！感谢笔者的朋友鲁宁馨对论文数据收集工作的大力支持和帮助！同时，感谢多个受访企业家的帮助和支持。感谢杨爽博士、李海东博士、熊燕博士对本书提出的有益建议和帮助。感谢笔者的博士同门莫长炜博士、陈青兰博士、陈秋英博士、何毅博士、肖炳煊博士、陈慧士博士、柯冉绚、傅鸿震博士、李毅辉博士、韦丽红、蒋清泉博士、朱舜楠等对我的帮助和支持。感谢厦门大学管理学院2009级博士班同学对笔者的帮助和支持！

感谢笔者的博士后合作导师——蓝海林教授，他为笔者提供了良好的研究环境，给予笔者研究的信心，无私地传授其丰富的研究经验，不辞辛劳地指导笔者的研究工作，百忙之中还帮助解决生活中遇到的困难。蓝老师对中国企业战略管理具有独到的见解和深厚的研究功底，能够获得蓝老师的指导和面授，是笔者学术生涯中具有重要意义的一个篇章。

感谢笔者的父母，父母无私的爱激励着笔者在学术研究的道路上继续前行。父母给笔者提供了一个宽松的求学环境，给了笔者更多的包容，从而顺利完成学业。

本书是中国博士后科学基金项目（2014M552206）的阶段成果，在此感谢中国博士后科学基金的资助和支持。本书在出版过程中得到了经济管理出版社的帮助和支持，在此深表感谢。

李 黎

2014年12月29日